CATALOGUE
DES LIVRES

SUR L'HISTOIRE NATURELLE, L'AGRICULTURE, LA POLITIQUE, L'ADMINISTRATION,

et spécialement

SUR L'HISTOIRE DE LA RÉVOLUTION;

composant

LA BIBLIOTHÈQUE DE M. P. P***,

Ancien Administrateur du District de Versailles.

La Vente aura lieu le Jeudi 5 Octobre 1837 et jours suivans, six heures de relevée,

RUE DES BEAUX-ARTS, N° 6,

SALLE DE M. LEBLANC, LIBRAIRE,

Par le ministère de M⁰ Pierret, Commissaire-Priseur.

———

A PARIS,

CHEZ LEBLANC, LIBRAIRE,

RUE DES BEAUX-ARTS, 6.

1837.

SOUS PRESSE.

Catalogue des Livres de feu M. Lemazurier, ancien Secrétaire-Archiviste du Théâtre-Français. Ce Catalogue présente une suite des meilleurs ouvrages sur les Beaux-Arts, la Peinture, la Gravure, la Musique et la Danse ; mais il est plus spécialement consacré à l'Art dramatique, et présente la nomenclature des Éditions originales de chacune des pièces des Auteurs dramatiques français anciens et modernes.

Catalogue des Livres de feu M. Dumont de Sainte-Croix, contenant particulièrement les meilleurs Ouvrages sur l'Histoire naturelle, et un grand nombre de bons Voyages modernes.

Catalogue de Curiosités bibliographiques, recueillies par le Bibliophile voyageur : 2ᵉ année.

Ces Catalogues seront adressés (francs de port) à MM. les Amateurs et Libraires de la France et de l'Étranger qui en feront la demande (par lettre affranchie) à M. Leblanc, libraire, rue des Beaux-Arts, nº 6, à Paris.

IMPRIMERIE DE Mᵐᵉ HUZARD (née VALLAT LA CHAPELLE), rue de l'éperon, nº 7.

TABLE.

—

CATALOGUE

DES LIVRES

DE FEU M. P. P***, DE VERSAILLES.

THÉOLOGIE.

1 Biblia sacra , cum universis Fr. Vatabli et variorum Interpretum annotationibus. *Parisiis*, 1729, 2 vol. in-fol. v. m.

2 Bible de la jeunesse, par de Royaumont. *Paris*, 1810 , 4 vol. in-18, fig. (72) demi-rel.

3 Prælectiones theologicæ Fausti Socini senensis. *Racoviæ*, 1627, in-4, vél.

4 L'Imitation de Jésus-Christ mise en cantiques spirituels, par l'abbé Pellegrin. *Paris*, 1727, in-8, v. br.

5 Confessions de S. Augustin , trad. par le S. P. *Paris*, 1637 , in-4, mar. r.

6 Petit Carême de Massillon. *Paris*, 1823, in-8, br.

7 Commentaires sur le petit Carême de Massillon, par le Cher Croft , baronnet anglais. *Paris, Didot aîné*, 1815, in-8, br.

8 Dialogues rustiques d'un prestre de village, d'un berger, le censier et sa femme , par I. D. M. *Genève*, 1649, 2 tom. 1 vol. in-8, parch.

9 Sacrarum apodixeon, seu Euclidis christiani libri II (auct. Guil. Postello). *Parisiis*, 1543, in-8, it. v. m.
   Le frontispice est manuscrit.

10 Tractatus theologico - politicus (auctore Benedicto de Spinosa). *Hamburgi*, 1670. — Joannis Bredenburgii Enervatio tractatus theologico-politici; unà cum demonstratione , geometrico ordine disposità , naturam non esse Deum. *Rotterrodami*, 1675, 2 part. 1 vol. in-4, v. br.

11 Christophori Wittichii anti-Spinosa. *Amstelod.* 1690, in-4, v. j.

12 L'Apocalypse de Méliton, ou Révélation des mystères cénobitiques (par C. L. Pithoys). *Saint-Léger*, 1668, in-12, v. br.

13 Le Ciel ouvert à tous les hommes, Traité théologique, par P. Cuppé. *Londres*, 1783, in-8, br.

14 L'État de l'homme dans le péché originel (trad. du latin de Beverland, par Bernard. *Amst.*) 1731, in-12, v. m. fil.

15 Exposition de la Doctrine chrétienne qu'on enseigne dans les Églises de l'unité des Frères, par Aug.-Gottlieb Spangenberg. *Barby*, 1782, in-8, br.

16 Lettres chérakéesiennes, mises en français de la traduction italienne, par J. - J. Rufus, sauvage européen (J.-Henry Maubert). *Rome (Holl.)* 1769, in-8, br.

17 Faustin, ou le Siècle philosophique (par Doray de Longrais). *Amsterdam*, 1784, in-8, br.

18 Nouveaux sermons de Hugh Blair, trad de l'angl. par Frossard. *Lyon*, 1786, in-8, demi-rel.

19 Sermons de M. E. S. Reybaz, ministre du Saint Évangile. *Paris*, 1801, 2 vol. in-8, portr. br.

20 Prediche del Padre frate Hieronymo da Ferrara. 1496, in-fol. 2 col.

21 De' prodigii avvenuti in molte sagre immagini specialmente di Maria sanctissima..... da D. Gio. Marchetti. *Romà*, 1797, in-8, demi-rel.

22 La Guerre séraphique, ou Histoire des périls qu'a courus la barbe des Capucins par les violentes attaques des Cordeliers. *La Haye*, 1740, in-12, v. éc. fil.

23 Natural Theology; or Evidences of the existence and attributes of the Deity, by Will. Paley. *London*, 1807, in-8, cart.

24 Théologie physique, trad. de l'anglais de Guill. de Rham, par Jac. Lufneu. *Paris*, 1732, in-8, br. — Théologie de l'eau, trad. de l'allem. de Fabricius (par Burnand). *La Haye*, 1731, in-8, br. — Théologie des insectes, trad. de l'allem. de Lesser, avec des remarques de Lyonnet. *Ib.*, 1642, 2 vol. in-8, v. m.

25 Abrégé des principaux points de doctrine de la vraie Religion chrétienne, d'après les écrits de Swedenborg;

trad. de l'angl. de Hindmarsh (par Moëtte). *Paris*, 1820, in-8, br.

26 Apologie pour la sainte Cène du Seigneur, contre la présence charnelle et transsubstantiation, par P. Dumoulin. *La Rochelle*, 1607, in-8, parch.

27 De l'institution, usage et doctrine du saint sacrément de l'Eucharistie, en l'Église ancienne; ensemble, comment, quand et par quels degrés la messe s'est introduite en sa place; par Mess. Phil. de Mornai. *Genève*, 1599, in-8, rel. en cart.

28 Traité de l'Athéisme et de la Superstition, trad. du latin de Buddeus, par Philon. *Amst.* 1740, in-8, portr. v. m.

29 Discours contre les Athées et les Libertins, trad. de l'angl. de J. Tilotson, par D. Mazel. *Utrecht*, 1694, in-8, v. br.

30 Recherches sur la nature du feu de l'Enfer, et du lieu où il est situé, trad. de l'angl. de Swinden, par Bion. *Amst.* 1757, in-8, fig. v. rac.

31 L'Enfer détruit, ou Examen raisonné du dogme de l'éternité des peines, trad. de l'angl. (de Whitefoot, par d'Holbach). *Londres*, 1769, in-8, v. j.

32 Collection des Lettres sur les miracles (par Voltaire). *Neufchâtel*, 1765, in-8, v. m.

33 Recueil nécessaire avec l'Evangile de la Raison (par Dulaurens, Voltaire, etc.) *Londres*, 1776, in-8, bas. rac.

34 Réfutation d'un libelle impie (de Voltaire) intitulé l'Évangile du jour, précédé de la défense du Canon des livres saints. *Liége*, 1769, 2 tom. 1 vol. in-8, v. m.

35 Mélanges, 2 vol. in-8, br.
Mémoire en faveur de Dieu, par J. de l'Isle de Sales. — Défense de la Révélation chrétienne, et Preuves de la divinité de Jésus-Christ, ou Lettre sur le mémoire en faveur de Dieu; par Cl. Le Coz, archevêque de Besançon. *Paris*, 1802.

36 De l'Esprit des Religions, par Nic. Bonneville. *Paris*, 1792, 2 vol. in-8, br.

37 De l'Esprit des Religions, par Alexis Dumesnil. *Paris*, 1810, in-8, br.

38 De la Religion nationale, par l'abbé Fauchet. *Paris*, 1789, in-8, br.

39 Mélanges. 2 tom. 1 vol. in-8, demi-rel.
Pour et contre la Bible, par Sylvain Maréchal. *Jérusalem* (*Paris*),

1801. — La Philosophie de l'Histoire, par l'abbé Bazin (par Voltaire). Genève, 1765.

40 Mélanges. 2 vol. in-8 , br.

Observations critiques sur le Génie du Christianisme, par M. de Châteaubriand (par divers membres de l'Académie). *Paris*, 1817. — Essai sur l'intolérance en matière de Philosophie et de Religion ; par Nossé. *Paris*, 1838.

41 La Vie de Jésus , rappelée à sa simplicité (par A. Th. Chevignard). *Paris*, 1795, p. in-8, br.

42 Mélanges. 4 vol. in-12 , v. m.

La Physique de l'Ecriture Sainte. *Amst.* 1867. — Liberté de conscience resserrée dans les bornes légitimes (par l'abbé Yvon). *Londres*, 1754. — Guerre séraphique, ou Histoire des périls qu'a courus la barbe des Capucins par les violentes attaques des Cordeliers. *La Haye*, 1740. — Le Moine marchand , ou Traité contre le commerce des Religieux (par le P. Reynaud). *Amst.* 1761.

43 Mélanges. In-8 , v. éc. fil.

Dialogue sur l'Eucharistie , ou Entretien de Philal-the et d'Anthropo-piste. 1732. — Le Dîner du comte de Boulainvilliers ; par St Hyacinte (par Voltaire). 1728.

44 Mélanges. 4 vol. in-12, v. m.

Le Christianisme raisonnable, trad. de l'angl. de Locke, par Coste. *Amst.* 1740, 2 vol. — L'Athéisme, folie dangereuse. — Discours sur l'Irréligion, trad. de l'allem. de Haller, par Seigneux de Correvon. — Préservatif contre le changement de religion (par Jurieu). — Liberté de conscience (par l'abbé Yvon). *Londres*, 1754.

45 Mélanges. 5 vol. in-12, v. m.

Histoire des Diables de Loudun. *Amst.* 1752. — Histoire critique de Nic. Flamel et de Pernelle, sa femme. *Paris*, 1761. — La Guerre séraphique. — Traité du Libre arbitre et de la concupiscence, par Bossuet. *Paris*, 1731. — Le Ciel réformé, etc. (*Paris*) 1750.

46 L'Alcoran de Mahomet, trad. d'arabe en françois, par Duryer. *La Haye, Moetjens* (*à la Sphère*) 1685, in-12, d.-r.

47 Du Culte des Dieux fétiches (par de Brosses). 1760. — Pensées diverses contre le système des matérialistes (par de Rochefort). *Paris*, 1771, 2 part. 1 vol. in-12, demi-rel.

JURISPRUDENCE.

48 Traduction des Institutes de Justinien, par de Ferrière. *Paris*, 1770, 7 vol. in-12, v. m.

49 Jus romanum, juxta ordinem Institutionum Justiniani novissimo juri gallico comparatum, auct. Cl. Burdet. *Gratianopoli*, 1816, 2 vol. in-8, br.

50 Variorum indices. In-4, v. f.
Feudorum consuetudines.—Corpus juris civilis.—Justiniani Novellæ.

51 Les Principes naturels du Droit et de la Politique, par
D. D. R. (Dreux du Radier). *Paris*, 1765, in-12,
v. m.

52 La loi naturelle, ou Catéchisme du Citoyen français,
par Volney. *Paris*, 1793, in-18, v. mordoré, d. s. tr.

53 Conférence du Code civil, par un jurisconsulte qui a
concouru à sa rédaction. *Paris, Firm. Didot*, 1805,
8 vol. in-12, br.

54 Code de la Minorité et de la Tutelle, par C. Marchand.
Paris, Paulin, 1835, in-8, br.

55 Mélanges de Droit et de Politique. 4 vol. in-8, rel.
Autorité des parens sur le mariage des enfans de famille. *Londres*,
1773. — Droit des Pairs de France d'être jugés par leurs pairs. 1711. —
Tribunal des maréchaux de France, par de Beaufort. *Paris*, 1784, 2 vol.

56 Mélanges. 4 vol. in-8, br. (*rares*).
Essai sur le mariage (par Pétion). *Genève*, 1785. — Législation du di-
vorce (par de Cerfvol). *Londres*, 1769. — Du Divorce (par Henuet).
Paris, 1789.—Lettres sur le Divorce; par l'abbé Barruel.

57 Observations sur l'accord de la Raison et de la Religion
pour le rétablissement du Divorce, par Bouchotte. *Paris*,
1790, in-8, fig. br.

58 Mélanges sur le célibat religieux, sur l'Inquisition religieuse, etc. 1790 et ann. suiv. 8 br. in-8.

59 Observations sur un manuscrit intitulé : *Traité du
Péculat* (par le Voyer de Boutigny. *Holl. Elsevier*)
1666, in-12, v. f. [4 p. 7 l.]

60 Traité de la jurisdiction ecclésiastique contentieuse
(par l'abbé de Brezolles). *Paris*, 1769, 2 vol. in-4,
v. m.

61 Traités du spirituel et du temporel des Eglises et du gouvernement des Paroisses, par Lepage, Jousse et de
Boyer. *Paris*, 1769 à 1813, in-8, br. et 3 vol. in-12, v. m.

62 Décrets de l'Assemblée nationale, depuis le mois de
mai 1788, jusques et compris février 1792. *Paris, Bau-
douin*, 22 vol. in-8, br.

63 Code des Emigrés, Condamnés et Déportés. *Paris*,
1793, 5 part. 1 vol. in-4, cart.

64 Jurisprudence de la Cour de Cassation, par M. Sirey,
1791 à 1814, 14 vol. — Additions, 3 vol. — Table,
1800 à 1810, 1 vol. —*Paris*, 1805-1815, 18 vol. in-4,
bas. rac.

65 Dictionnaire des Droits d'Enregistrement, de Timbre,
de Greffe et d'Hypothèques. *Paris*, 1810, in-4, bas.
66 Collection générale des Lois, Décrets, Arrêtés, Séna-
tus-Consultes, Avis du Conseil d'Etat et Réglemens
d'Administration, publiés depuis 1789 jusqu'au 1ᵉʳ janvier 1819.... recueillie et mise en ordre par Rondon-
neau. *Paris, Imp. roy.* 1817-20, 28 vol. in-8, bas.
rac. et 5 vol. br. — Ensemble 33 vol. y compris les
tables.

SCIENCES ET ARTS.

I. *Philosophie, Morale, Education.*

67 Platonis Opera quæ extaut omnia, ex Ioannis Serrani
interpretatione (græcè et latinè. *Parisiis*) *H. Stepha-*
nus, 1578, 2 vol. in-fol. v. m.
68 Histoire des Causes premières, par l'abbé Batteux. *Pa-*
ris, Saillant, 1769, gr. in-8, pap. de Holl. v. m. *arm.*
69 Histoire des progrés de l'Esprit humain dans les Sciences
exactes et dans les Sciences intellectuelles, par Save-
rien. *Paris*, 1766 et 1777, 2 vol. in-8, fig. v. m.
70 L'Esprit humain dans le grand OEuvre de l'Univers,
et ses rapports, ses relations avec le parachèvement du
système universel.
  Tableau manuscrit (18 P. de haut sur 4 P. de large) accompagné d'un
Résumé, in-fol. 10 feuillets.
X 71 Histoire critique de la Philosophie, par Deslandes.
Amsterdam, 1756, 4 vol. in-12, v. m.
72 Gli Uffici di M. Tullio Cicerone e sopra di essi com-
mentari d'And.-Luigi de Silva. *In Firenze*, 1756, in-
fol. fig. d.-r.
73 Des Erreurs et de la Vérité, par un Ph..... inc.....
(De Saint-Martin). *Edimbourg*, 1782, 2 vol. in-8,
v. m.
74 La morale naturelle, ramenée aux principes de la Physique, trad. de l'angl. de Bruce, par Verlac. *Paris*,
1793, in-8, br.
75 Essai de Recherches élémentaires sur les premiers principes de la Raison, par Spiess. *Paris*, 1800, in-8, br.
76 De la nature des Etres existans, ou Principes de la

Philosophie naturelle, par Delamétherie. *Paris*, 1805, in-8, br.

77 Système de la nature, par Mirabeau (par d'Holbach). *Londres*, 1780, 2 vol. in-8, br.

78 Considérations philosophiques sur les mœurs, les plaisirs et les préjugés de la capitale (par Ch. Remy). *Paris*, 1787, in-8, fig. br.

79 Pensées sur l'homme, le monde et les mœurs, par J. Sanial Dubay. *Paris*, 1813, in-8, br.

80 Essai sur l'éducation des Aveugles; par Haüy. *Paris*, 1786, in-4, b. m.

81 Essai sur l'instruction des Aveugles, par le Dr. Guillié. *Paris*, 1817, in-8, fig. (22) br.

II. *Politique.*

82 Opere scelte di Ferrante Pallavicino. *In Villafranca.* (*Holl. alla Sfera*) 1666, in-12, vél. (4 p. 11 l.)

83 L'Avocat condamné et les parties mises hors de procez par arrest du Parnasse..... (par Louis du May). 1669, in-12, vél.

84 Anti-Machiavel (par Frédéric II, roi de Prusse). *La Haye*, 1740, in-8, v. f.

85 Système social, ou Principes naturels de la morale et de la politique (par d'Holbach). *Londres*, 1773, 3 part. 1 vol. in-8, d.-r.

86 Essai contre l'abus du pouvoir des souverains. In-8, br.

87 Annales politiques de feu Ch.-Irenée Castel, abbé de Saint-Pierre. *Londres*, 1757, 2 vol. in-8, v. m.

88 Les Rêves d'un homme de bien, par l'abbé de Saint-Pierre. *Paris*, 1775, in-12, d.-r. (*non rogné.*)

89 La Politique naturelle, ou Discours sur les vrais principes du gouvernement, par un ancien magistrat (par le baron d'Holbach). *Londres*, 1773, 2 tom. 1 vol. in-8, v. m.

90 Morale des Rois (par Toustain de Richebourg). *Stockolm (Paris)* 1785, in-18, br.

91 La vraye forme de bien et heureusement régir ou gouverner un royaume ou monarchie, par Franç. de S. Thomas. *Lyon*, 1569, in-8, d.-r.

92 Théorie de la Royauté, d'après la doctrine de Milton (par Mirabeau). 1789, in-8, br.

93 OEuvres philosophiques et politiques de Thomas Hobbes (trad. du lat. par Sorbières et d'Holbach). *Neufchâtel*, 1787, 2 vol. in-8, portr. br.

94 Catéchisme du genre humain (par Boissel). 1789, 1 vol. in-8, br.

95 Théorie et pratique des droits de l'homme, par Th. Payne; trad. en franç. par Lanthenas. *Paris*, 1793, in-8, br.

96 Elémens du Républicanisme; par Billaud - Varennes. *Paris*, 1792, in-8, br.

97 République sans impôt; par Lavicomterie. *Paris*, 1792, in-8, br.

98 Discours sur le Gouvernement, trad. de l'angl. de Sidney, par Samson. *Paris*, 1793, 3 vol. in-8, portr. v. rac. dent.

99 La Philosophie divine, appliquée à la liberté et à l'esclavage de l'homme, au certain; à l'infaillible..... par Keleph Ben Nathan (Du-Toit-Mambrini). 1793, 3 vol. in-8, br.

100 Annuaire du Républicain, ou Légendes physico-économiques; par Eleuthérophile Millin. *Paris*, 1793, 1 vol. in-8, br.

101 Droits de l'homme; en réponse à l'attaque de M. Burke sur la Révolution française; par Th. Payne. *Paris*, 1793, in-8, br.

102 Bases fondamentales de l'Instruction publique et de toute constitution libre; par Lanthenas. *Paris*, 1794, in-8, br.

103 Traité de l'esprit des sociétés nationales, par le cit. V.-F. P***. *Paris*. 1799, in-8, br.

104 Pensées de Louis XIV, ou Maximes de gouvernement, et Réflexions sur le métier de Roi. *Paris*, 1824, in-8, br.

105 Réponse (par l'abbé Georgel) à un Ecrit anonyme intitulé : Mémoire sur les rangs et les honneurs de la cour (par Gibert). *Paris*, 1771, gr. in-8, br.

106 Mémoires touchant les Ambassadeurs et les Ministres publics; par L. M. P. (le ministre prisonnier, Wicquefort). *Cologne*, *P. Marteau*, 1677, in-12, v.

107 Tableaux historiques et politiques des anciens gou-

vernemens de Zurich et de Berne (par Schulthess).
Paris, 1810, in-8, br.

108 Le Procès des trois Rois, Louis XVI, Charles III et
Georges III, plaidé au tribunal des Puissances euro-
péennes (par Bouffonidor). *Londres*, 1781, p. in-8,
d.-r.

109 Acte d'Indépendance des Etats-Unis d'Amérique, et
Constitution des Républiques française, cisalpine et li-
gurienne, dans les quatre langues française, allemande,
anglaise et italienne. *Sans indication*. In-8, br.

110 Mélanges de Pièces, 5 part. 1 vol. in-8, d.-r.

Du Despotisme oriental, par Boullanger, 1783.—De la Maison de force,
appelée Bicêtre; par Mirabeau, 1788.—Dénonciation de l'agiotage de Paris (par le même). 1787.—Mémoire de Bergasse sur les Etats Généraux,
1789.—Les Inconvéniens des droits féodaux (par Boncerf). 1776.

111 Mélange de Pièces publiées en 1789, in-8, d.-r.

De l'organisation d'un Etat monarchique (par Mirabeau).—Théorie de
la Royauté, d'après la doctrine de Milton (par le même).—Clovis au premier Champ de Mars, par L. J.

112 De la Monarchie et de la Charte, par M. de Châteaubriand. — Du Gouvernement de la France depuis la
Restauration; par M. Guizot. *Paris*, 1816 et 1820, 2 vol.
in-8, br.

113 Du Gouvernement de la France, depuis la Restauration. — Des Conspirations et de la Justice politique ;
par M. Guizot. *Paris*, 1820 et 1821, 3 vol. in-8, br.

114 Des Communes et de l'Aristocratie, par M. de Barante.
Paris, 1821, in-8, br.

115 Des Moyens de gouvernement et d'opposition ; — des
Conspirations et de la Justice politique ; par M. Guizot.
Paris, 1821, 2 vol. in-8, d.-r. et br.

116 Préceptes politiques à l'usage d'une monarchie; par le
chev. de Sade. *Paris*, 1822, in-8, br.

117 Les Cabinets et les Peuples, depuis 1815 jusqu'à ce
jour; par M. Bignon. *Paris*, 1823, in-8, br.

III. *Économie politique, Commerce.*

118 Elémens d'Economie politique, suivis de quelques
vues sur l'application des principes de cette science aux
règles administratives. *Paris (Imp. roy.)* 1817, 1 vol.
in-8, br.

119 Histoire de Michel Lambert, ou de l'Influence de

l'Économie domestique; par M. ***. *Paris*, 1828, 1 vol. in-8, br.

120 Recherches et Considérations sur la population de la France. *Paris*, 1778, in-8, v. m.

121 Dictionnaire de l'Industrie (par Duchesne). *Paris*, 1776, 3 vol. in-8, v. m.

122 Prospectus d'un nouveau Dictionnaire de Commerce; par l'abbé Morellet. *Paris*, 1769, in-8, br.

123 Traité des Richesses (par Isnard). *Lausanne*, 1781, 2 vol. in-8, v. m.

124 Traité de la richesse des Princes et de leurs Etats, par C. C. d. P. d. B. Allem. *Paris*, 1723, 2 vol. in-8, v. f.

125 Histoire du Commerce et de la Navigation des Anciens (par Huet). *Paris*, 1716, in-12, v. j.

126 Système maritime et politique des Européens, pendant le xviiie siècle; par le cit. Arnould. *Paris*, 1797, in-8, br.

127 Du Commerce maritime, de son influence sur la richesse et la force des Etats; par Xav. Audouin. *Paris*, 1801, 2 vol. in-8, br.

128 Des Colonies agricoles et de leurs avantages, par M. Huerne de Pommeuse. *Paris, Mad. Huzard*, 1832, in-8, br.

129 Nouveau Système de colonisation pour Saint-Domingue; par M. Leborgne de Boigne. *Paris*, 1817, in-8, br.

130 Tableau de la mer Baltique, par Catteau-Calleville. *Paris*, 1812, 2 vol. in-8, pap. vél. fig. d.-r.

131 Théorie de l'Intérêt de l'Argent, par C. de C. *Paris*, 1782, in-12, v. m.

132 Mélanges sur l'Economie domestique, 6 vol. in-8, fig.

Recherches sur les végétaux nourrissans; par Parmentier. — Sur les Plantes et leur analogie avec les Insectes; par Bazin. *Strasbourg*, 1741. — Régime alimentaire des Anciens; par Virey. — Salaison des viandes et du beurre en Irlande, et manière de fumer le bœuf à Hambourg; par Bruun-Neergaard. — etc. etc.

133 De la passion du jeu, depuis les temps anciens jusqu'à nos jours; par Dusaulx. *Paris*, 1779, 2 vol. in-8. — Les joueurs et M. Dusaulx (par Jacquet et autres). *Agrippina*, 1780, in-8, br.

134 Mélange de Pièces pour et contre les Maisons de jeux, 22 br. in-4 et in-8, dont plusieurs avec fig.

Le Trente-un dévoilé; par Bertrand. — Liste des Maisons de jeux, Académies, Tripoli, etc.—Historique des jeux et Anecdotes.—Théorie des jeux de hasard; par Auger.—Autre, par Hayn.—L'Art de voler méthodiquement.—L'Art de bien jouer à la Roulette.—12,000 numéros recueillis au jeu de la Roulette.—Guide du Trente-Un.—La joueuse malheureuse.—A bas tous les jeux.—Pièces relatives aux baux des jeux; par Dévelouis, Boursault, de Chalabre, Aug. Hus, Thorin, etc.

135 Mélanges contre les Maisons de jeux, 35 p. en 4 vol. in-8, fig.

L'Observateur des maisons de jeux, nos 1 à 9.—Pièces diverses sur Boursault, par lui-même, par Bouvar et autres.—Encore l'Observateur des jeux.—L'Argus des jeux.—Réveil de l'Observateur.—Esquisse morale des jeux.—Pièces diverses, par Decase, Boissy-d'Anglas.—Révélations scandaleuses, etc. etc.

136 Mélange de Pièces sur la Loterie, par Auger, Parisot, Cagliostro, etc. 5 br. in-4 et in-8.

137 Lettres touchant la matière de l'usure (par Petit-Pied). — Traité des prêts de commerce (par l'abbé Mignot). — Lettres contre le Traité des prêts de commerce, etc. *Utrecht*, 1731, et *Cologne*, 1738, 7 part. 3 vol. in-8, v. m.

138 La Caninomanie, ou l'impôt favorable dans toutes les circonstances. *Paris*, 1789, in-12, fig. d.-r.

IV. *Médecine, Chirurgie, Histoire naturelle, Alchimie, etc.*

139 Dictionnaire portatif de Médecine, d'Anatomie, etc., par Lavoisier. *Paris*, 1793, in-8, bas. rac.

140 Dictionnaire des Sciences médicales. *Paris*, 1829 et ann. suiv. 60 vol. in-8, br.

141 De la Sobriété et de ses avantages, trad. de Lessius et de Cornaro, par D. L. B. (De la Bonodière). *Paris*, 1772, in-12, v. éc.

142 Le Brigandage de la Médecine et de la Chirurgie (par Phil. Hecquet). *Utrecht*, 1749, 5 part. 2 vol. in-12, v. m.

143 Nouveau Système du Microcosme, ou Traité de la nature de l'homme; par De Tymogne. *La Haye*, 1727, in-8, fig. v. m.

144 Recherches sur la nature de l'Homme, considéré dans l'état de santé et dans l'état de maladie; par Fabre. *Paris*, 1776, in-8, portr. v. m.

145 Philosophie médicale, par Chortet. *Bruxelles*, 1811, in-8, br.

146 La Génération, ou Tableau de l'Amour conjugal ; par
Venette. *Paris*, 1764, 2 vol. in-12, fig. v. éc.

147 Traité de l'opération césarienne, et des Accouchemens difficiles et laborieux ; par Ruleau. *Paris*, 1704,
in-12, v. j.

148 L'Art de sucer les plaies sans se servir de la bouche
d'un homme..... par Domin. Anel, chir. *Amst.* 1707,
p. in-8, fig. v. m.

149 Traité des Maladies des enfans, trad. du suédois par
Lefebvre de Villebrune. *Paris*, 1778, in-8, v. m.

150 Instruction sur les traitemens des Asphyxiés, des
Noyés, etc. par Ant. Portal. *Paris*, 1795, 1 vol. in-12,
v. f. fil.

151 Récit exact de ce qui s'est passé à la séance des observateurs de la femme ; par l'auteur de Raison, Folie, etc.
(M. Lemontey). *Paris*, 1803, in-18, d. r.

152 De la Nature, par Robinet. *Amst.* 1766, 4 vol. in-8,
fig. v. m.

153 L'Ami de la Nature, ou Choix d'Observations sur divers objets de la Nature et de l'Art ; par M. Toscan.
Paris, 1800, in-8, fig. br.

154 Fortunius Licetus de Monstris, ex recens. Ger. Blasii. *Amstelod.* 1665, in-4, fig. v. m.

155 Mélanges (en langue espagnole) 4 p. 1 vol. in-4, vél.
fil.

Tractado del Balsamo y de sus utilidades para las enfermedades del
cuerpo humano ; por Garci Perez Morales, 1530.—Examen de la composicion theriacal de Andromacho, trad. de griego y latin en romance castellano, y commentada por Liano. 1546. — Exameron sobre el regimiento medicinal contra la Pestilencia ; por P. Liruelo, 1519.—Tractado
contra Pestilencia y ayre corupto ; por Fores.

156 La Nature dans la Formation du Tonnerre, et la Reproduction des Etres vivans, par Poncelet. *Paris*, 1766,
in-8, fig. v. m.

157 Mémoires historiques sur les Tremblemens de terre,
par Bertrand. *La Haye*, 1757, p. in-8, v. m.

158 Etudes de la Nature, par Bernardin de Saint-Pierre.
Paris, Didot, 1786, 3 vol. in-12, v. m.

159 Dictionnaire des Merveilles de la Nature ; par A. J.
S. D. (Sigaud de la Fond). *Paris*, 1802, 3 vol. in-8, br.

160 Mélanges d'Histoire naturelle, 4 vol. in-4, fig. br.

Lettera interno alla cagione d' terremoti, da Gir. Giuntini. *In Firenze*,
1729. — Introduccion a la historia natural y a la geografia fisica de España, por Guill. Bowles. *En Madrid*, 1789.—Observations sur quelquesuns des minéraux de l'île de Ceylan et de la côte de Coromandel.

161 Catalogo di una collezione di Minerali disposta se-
condo il systema del celebre Werner. *Milano*, 1813,
1 vol. in-8, d.-r.

162 Minéralogie homérique; par Millin. *Paris*, 1816,
in-8, br.

163 Mémoires sur les Animaux sans vertèbres, par Savigny. *Paris*, 1816, in-8, fig. cart. à la *Bradel*. (*Non
coupé*.)

164 Mélanges d'Histoire naturelle, 4 vol. in-12, fig. rel.

Art de faire éclore les oiseaux domestiques; par de Réaumur.—OEdologie, ou Traité du Rossignol.—Traité des Serins de Canarie; par Hervieux.

165 Mélanges d'Histoire naturelle, 3 p. in-12, fig. v. m. fil.

OEdologie, ou Traité du Rossignol (par Arnaud de Nobleville).—Culture des mûriers et Education des vers à soie. *Poitiers*, 1754. — Art de
multiplier la soie (par Castellet). *Aix*, 1760.

166 Histoire générale des Insectes, par Swammerdam.
Utrecht, 1682, in-4, fig. v. j.

167 Théologie des Insectes, trad. de l'all. de Lesser, avec
des rem. de Lyonnet. *Paris*, 1745, 2 vol. in-8, v. m.

168 Histoire particulière de l'Abeille commune, considé-
rée dans tous ses rapports avec l'Histoire générale de
l'Homme; par M. Manuel. *Paris*, 1807, 2 vol. in-8,
fig. br.

169 Mélanges, 1 vol. in-8, et 2 vol. in-12, rel.

Traité curieux des Mouches à miel et des Vers à soie. — Des Manufactures de soie et du Mûrier; par Mayet. — Les Abeilles, poème trad. de
l'ital. de Rucellaï, par Pingeron.

170 Manuel d'Agriculture; par De la Salle de l'Etang.
Paris, 1764, in-8, pap. de Holl. fig. v. éc. fil d. s. tr.

171 Mélanges d'Histoire naturelle, 6 br. in-8.

Dissertation sur les huîtres vertes de Marennes.—Essai sur la topographie d'Olivet. — Agriculture des Romains. — Agriculture dans les pays
montueux. — Moyens de perfectionner les arts économiques en France;
par Silvestre; etc.

172 Mélanges, 6 p. in-8, br.

Moyens de prévenir la cataracte chez les animaux; par Poincelot. *Cam-
bray*, 1805. — Causes des maladies charbonneuses dans les animaux; par
Gilbert. *Versailles*, 1795.—Traité des asclépiades; par Sonnini.—Traité
du kermès; par Truchot.—Art d'extraire l'indigo des feuilles du pastel;
par de Puymaurin.

173 Mélanges, 3 vol. in-12, fig. rel.

Traitez du café, du thé et du chocolat; par Silvestre Dufour. *Lyon*,
1685.—Histoire naturelle du cacao et du sucre (par Quélus). *Paris*, 1719.
— Hippocrate, de l'usage du china-china (commenté par Restaurant).
Lyon, 1681.

174 Mélanges sur la Culture du Thé, du Café, du Cacao, du Sucre et du Tabac, par Phil. Silvestre Dufour, de Blegny, Quélus, Gentil, Sage, Chaptal, etc. 7 vol. in-8 et in-12, fig.

175 Mélanges sur l'Agriculture, 4 vol. in-8.

Manuel des champs (par l'abbé de Chanvallon). — Essai sur les améliorations des champs ; par Gardelle. *Toulouse*, 1818. — Calendrier du fermier (par de Guerchy). — Tableau de l'agriculture toscane ; par Simonde.

176 Mélanges sur l'Agriculture, 11 p. in-8, fig.

Instruction pour les bergers; par Daubenton. — Sur la monte et l'aguelage; par Morel de Vindé. — Filature, commerce et prix des laines en Angleterre; trad. de l'angl. de Banks et Arthur Young. — Pièces diverses sur le même sujet; par Tessier, Polonceau, etc. — Bulletin de la Société d'amélioration des laines (nos 1, 2, 3). — Mémoire sur l'amélioration du troupeau de Mérinos du département de la Loire; par Ch. Aigoin. *Ivrée*, 1804.

177 Mélanges sur l'Agriculture, 17 p. in-8.

Aménagement et Administration des forêts et bois nationaux; par Clausse. — Traités d'agriculture; par Barbançois, Arcère, Costa. — Rapports sur l'agriculture, les desséchemens de marais, les laisses de mer, les défrichemens, le Jardin des Plantes, etc.; par Boudin, Isoré, Eschasseriaux, Veau, Poultier, Coupé, Boisset, Lefranc, etc.

178 Mélanges d'Agriculture, 5 vol. in-12, fig.

Traité de la culture des arbres (par Laurent et Boyceau de la Baraudière). — Culture de la grosse asperge de Hollande ; par Filassier. — Des pêchers (par de Combes). — Taille du pêcher, etc.; par Lemoine, etc.

179 Mélanges sur l'Art de faire les Vins, par Maupin, l'abbé Rozier et De la Bouisse, 3 vol. in-8 et un in-12.

180 Traité complet du Kermès, considéré relativement aux moyens de le rendre propre à remplacer la Cochenille des îles; par M. Michel Truchet. *Paris*, 1811, in-8, fig. br.

181 Traité de la Culture du Nopal et de l'Education de la Cochenille; précédé d'un Voyage à Guaxaca; par Thiery de Menonville. *Paris*, 1787, 2 vol. in-8, fig. v. gr.

182 Mélanges sur l'Agriculture, 1 vol. in-4 et 9 vol. in-8, fig. br.

Etat de l'agriculture chez les Romains; par Arcère. — Agriculture de la Toscane; par Simonde; — dans les pays montueux; par Costa. — Phénomènes de la végétation; par Féburier. — Coup d'œil sur l'agriculture; par Guyon de Saulieu. — Origine et progrès des assolemens raisonnés; par Yvart. — Petit Cours d'agriculture, ou Manuel du fermier; par de Lépinois. — De l'influence du grand propriétaire sur la prospérité agricole et commerciale; par Flandre d'Espinay; etc.

183 Mélanges sur le Jardinage, 8 vol. in-8 et in-12, rel. fig.

Théorie des Jardins (par Morel). — Théorie et pratique du Jardinage; par l'abbé Roger Schabol. — Le Jardinier-fleuriste; par Léger. — Curiosités de la nature et de l'art sur la végétation; par l'abbé de Vallemont. — Economie rustique (par de Machy et Ponteau).

184 Il real Giardino di Boboli nella sua Pianta et nelle sue Statue. Gr. in-4, fig. (48).

185 Exotic Botany, illustred in 35 figures at elegant chinese and american Plants; by John Hill. *London*, 1772, in-fol. max. v. éc. fil. d. s. tr.

186 Méthode analytique comparative de Botanique, par Peyre. *Paris*, 1823, gr. in-4, br.

187 Mélanges de Botanique, par Deville, Barbeu du Bourg, Besnier, Levasseur, Bonamy : 7 vol. in-12, fig. rel.

188 Nouveau Voyage dans l'Empire de Flore, par M. Loiseleur-Deslongchamps. *Paris*, 1817, 2 p. 1 vol. in-8, br.

189 Mélanges de Botanique, par le P. Dardenne, Palissot-Beauvois, Lestiboudois, Duchesne, Dom Alexandre, Al. Delaborde, Gérardin, etc. *Paris*, 6 vol. in-8 et in-12.

190 Mélanges sur les Jardins, par Bast, Gérardin, Curten, Delaborde, Lair : 5 br. in-8.

191 Mélanges d'Histoire naturelle, 3 vol. in-12, rel.
Traité de l'éducation des animaux; — du Castor, par Jean Marius; — de la culture des renoncules, des œillets, des auricules et des tulipes.

192 La Physique occulte, ou Traité de la baguette divinatoire, par De Vallemont. *Paris*, 1719, in-12, fig. v. j. — Lettre de Chauvin, médecin, sur les moyens dont on s'est servi (la baguette divinatoire) pour découvrir les complices d'un assassinat commis à Lyon en 1692. *Lyon*, 1693, in-12, v. f. fil.

193 Dissertations sur les apparitions des esprits, par Dom Aug. Calmet. *Einsidlen*, 1749, 2 vol. p. in-8, v. m.

194 Apologie pour les grands hommes soupçonnez de magie, par G. Naudé. *Amst.* 1712, in-8, fig. v. m. fil.

195 Les Clefs de la Philosophie spagyrique, par Le Breton. *Paris*, 1722, in-12, v. m.

196 La Magie blanche dévoilée, par Decremps. — Supplément. — Testament de Jérôme Sharp, complément de l'Ouvrage précédent, par le même. *Paris*, 1785 et 1786, 4 vol. in-8, fig. br.

† 197 L'Histoire des Imaginations extravagantes de Monsieur Oufle (par Bordelon). *Paris, Duchesne*, 1754, 5 part. 2 vol. in-12, fig. v. m.

V. *Arts et Métiers, Beaux-Arts, Mélanges.*

198 Histoire de l'Astronomie ancienne, par Bailly. *Paris,* 1781, in-4, v. m.

199 Traité de l'Astronomie indienne et orientale, par Bailly. *Paris, Debure,* 1787, in-4, d.-r. m. r.

200 Mélanges sur l'Astronomie et sur diverses parties des Arts, par Delalande, le duc de Croï, Paoli, Sage, Villeterque, Janvier, Houriastremé, Flécheux, Ferd. Berthoud, Leroy, Atwood, etc. 7 vol. in-4, et 11 vol. in-8, fig.

201 Elémens de Statique, par M. Francœur. *Paris,* 1810, in-8, fig. br.

202 Déclaration de l'usage du graphomètre inventé par Ph. Danfrie. *Paris,* 1597, in-8, fig. d.-r.

203 Dictionnaire des Travaux publics, civils, militaires et maritimes, par M. Barbé de Vauxclairs. *Paris, Carilian-Gœury,* 1835, in-4, br.

204 Philosophie de la Guerre, par le Col¹. de Chambure. *Paris,* 1827, in-8, br.

205 Traité du lavis des Plans, appliqué aux reconnaissances militaires; par Lespinasse. *Paris,* 1801, in-8, fig. br.

206 Carte générale des camps et marches que l'armée du Roi a tenus pendant la campagne de 1745. (Fontenoy).

Très beau Plan manuscrit, exécuté avec le plus grand soin (5 P. de large sur 2 P. 3 p. de haut; collé sur toile). On a réuni à ce plan général, ceux particuliers ci-après désignés, manuscrits du temps : 1°. Plan de Douay et de ses environs, par Naudin, ingénieur du Roi ; — 2°. Plan de Bergues;— 3°. de Gravelines;— 4°. de Sarrelouis;— 5°. des ville et citadelle de Calais, et du fort Nieulet ;— 6°. des attaques et tranchées, disposition des lignes et campement de l'armée impériale commandée par l'Electeur de Bavière devant la ville de Belgrade, 1688; par Bruand, ing. et arch. du Roi, 1717.

207 Carte des environs de Zelle, avec les positions de l'armée commandée par le maréchal de Richelieu, en décembre 1757. — Camp de Corvey, commandé par le maréchal d'Estrées, en la même année.

2 Plans manuscrits, exécutés avec le plus grand soin. Le premier a 4 P. de large sur 1 P. 8 p. de haut ; le second, 2 P. 8 p. sur 1 P. 4 p.

208 Mémoire sur les opinions qui partagent les militaires, suivi du Traité des armes défensives; par Joly de Maizeroy. *Paris,* 1773, fig. v. m.

209 Le parfait Capitaine, augmenté d'un Traicté de l'in-
térest des Princes et Estats de la Chrestienté. *Jouxte la
copie impr. à Paris. (Holl. Elzevier; à la sphère)*
1648, in-12, d.-rel. (4 p. 8 l.)

210 Considérations sur les mouvemens stratégiques des
Armées françaises; par M. Duchâteau. *Paris,* 1822,
in-8, fig. br.

211 Manuel de l'Artilleur, par d'Urtubie. *Paris,* 1793,
in-8, fig. br.

212 La nouvelle Mécanique militaire, ou l'Art de faire la
guerre avec peu de troupes; par M. Legris. *Paris,* 1825,
in-8, fig. br.

213 Maison militaire du Roi, par De la Tour. *Paris,* 1790,
in-8, br.

214 Vocabulaire des Termes de marine, anglois-françois
et françois-anglois, par Lescalier. *Paris,* 1800, in-8,
cart.

215 Le Manœuvrier, ou Essai sur la Théorie et la pratique des Mouvemens du navire, par Bourdé de Ville-
huet. *Paris,* 1769, in-8, fig. b.

216 Recherches sur l'époque de l'Equitation et de l'usage
des Chars équestres chez les Anciens, par Fabricy. *Marseille,* 1764, 2 tom. 1 vol. in-8, v. m.

217 Essai sur l'Equitation, par Mottin de la Balme. *Paris,*
1773, in-12, fig. v. m.

218 Mélanges sur l'Equitation et l'Art vétérinaire, par
Bourgelat, De Pons d'Hostun, Séguin, Huzard fils, Ma-
rivault, etc. 6 vol. et br. in-8, fig.

219 Description histor. et chronol. des Monumens de
sculpture réunis au Musée des Monumens français, par
M. Lenoir. *Paris,* 1806, in-8, br.

220 Recueil des Figures, Groupes, Thermes, Fontaines,
Vases et autres Ornemens de Versailles, dessinés par
Thomassin. In-8 (218 fig.) br.

221 Recueil de 204 médaillons, sujets sacrés. In-4, Lr.

222 Les Beaux-Arts en Angleterre, ouvrage trad. de l'angl.
de Dallaway, par Millin. *Paris,* 1807, 2 vol. in-8, br.

223 Essai de Vénerie, ou l'Art du valet de limier; par
Leconte Desgraviers. *Paris,* 1810, in-8, d.-r.

224 Les Agrémens des campagnards dans la chasse des oiseaux..... par Buc'hoz. *Paris,* 1784, in-12, d.-r. (*Non
rogné*).

225 Manuel de l'Arpenteur, par Ginet. *Paris*, 1787, in-8, fig. cart.

226 L'Architecture françoise des Bastimens particuliers, par Louis Savot. *Paris*, 1685, in-8, v. m.

227 Nouvelles Règles pour la pratique du Dessin et du Lavis de l'Architecture, par Delagardette. *Paris*, 1803, in-8, fig. br.

228 Mélanges sur les Arts et Métiers. 16 br. in-4, in-8, et in-12.

Tables de comparaison des poids et mesures métriques avec les anciens. —Instruction sur les nitrières et la fabrication du salpêtre.—Sur la combustion des végétaux, la fabrication du salin, etc. — Sur la fabrication de l'acier.—Classification des sciences, par Torombert.—Tableau des arts et métiers, et OEuvres diverses de Ch. Dupin.—Sur l'usage des huiles, du goudron.—Essai sur les moyens de perfectionner les arts économiques en France; par Silvestre, etc. etc.

229 Le parfait Joaillier, ou histoire des Pierreries, par de Boot. *Lyon*, 1644, in-8, fig. s. b. d.-r.

230 Nouveau Système typographique (par Barletti de Saint-Paul). *Paris, Imp. roy.* 1776. — Abrégé de l'Alphabet universel appliqué à l'Art typographique, par Montigny. *Paris*, 1807 : 2 vol. in-4, fig. br.

231 Guide du Meunier et du Constructeur de Moulins, par Oliver Evans ; trad. de l'angl. par M. Benoît. *Paris*, 1830, in-8, et atl. in-4, br.

232 Mélanges sur l'Art du Menuisier. 5 vol. in-4, in-8 et in-12, fig. br.

Tableaux détaillés des prix de menuiserie, par Moricot (2e vol. comptabilité).—Autres, par Ausseur. —Traité de la coupe-des bois, ou Art du trait du menuisier en bâtiment ; par le même. — L'Art du menuisier, extrait de Roubo.

233 Détail des Ouvrages de Menuiserie, par Potain. — Détail des Fers, Fontes, Serrurerie, Ferrerie et Clouterie, par Bonnot. *Paris*, 1749 et 1782, 2 vol. in-8, v. m.

234 De l'Art du Fontenier sondeur, et des Puits artésiens, par F. Garnier. *Paris*, 1822, gr. in-4, fig. d.-r.

235 Ant. Neri de Arte vitrariâ libri VII. *Amstelod. Wetstenius*, 1686, p. in-12, fig. vél.

236 Essai sur l'Art de la Verrerie, par Loysel. *Paris*, 1799, in-8, br.

237 Manuel du Fileur-Cordier, par Gavoty. *Paris*, 1810, in-8, fig. br.

238 Mélanges sur divers jeux. 2 v. in-8 et 3 v. in-12, fig.

Le Jeu des Eschets, trad. de l'ital. de Gioach. Grego. *Paris*, 1669.—

Analyse du jeu des Echecs, par Philidor. *Paris*, 1803. — Le grand Tric-trac (par l'abbé Soumille). — Hoyle's Treatises of Whist, Quadrille, Piquet, Chess and Back-Gammon.

239 Le Livre d'Eteilla : Manière de se recréer avec le jeu de Cartes nommées Tarots. 1783, 5 p. 2 vol. in-2, fig. v. m. — Cours complet du livre de Thot. 1791, 2 vol. in-8, br.

240 Analyse du jeu des Echecs, par Philidor. *Londres*, 1777, gr. in-8, portr. d.-r.

BELLES-LETTRES.

I. *Étude des langues, Grammaire, Rhétorique, Poètes grecs et latins.*

241 Lycée, ou Cours de Littérature, par Laharpe. *Paris, Agasse*, 1799, 16 tom. en 18 vol. in-8, bas. j. fil.

242 De la manière d'apprendre les langues (par l'abbé de Radonvilliers). *Paris*, 1768, in-8, v. m.

243 Précis de Grammaire générale, par Simon. *Paris*, 1819, in-8, br.

244 L'Art d'apprendre les langues, ramené à ses principes naturels, par M. Weiss. *Paris*, 1808, in-8, br.

245 Essai sur les langues en général; sur la langue françoise en particulier; par Sablier. *Paris*, 1777, in-8, b. m.

246 Nouvelle méthode pour apprendre les langues hébraïque et chaldaïque, par MM. de Port-Royal. *Paris, Jacq. Collombat*, 1708, in-8, v.

247 Dictionarium græcum copiosissimum; Cyrilli opusculum de dictionibus, etc. *Venetiis, Aldus Manutius*, 1497, in-fol. d.-r.

248 Dufresne (Car.) Dom. Ducange, Glossarium ad Scriptores mediæ et infimæ Latinitatis. *Parisiis*, 1733, 6 vol. in-fol. v. m.

249 Recueil de Proverbes français, latins, espagnols, italiens, allemands, hollandais, juifs, américains, russes, turcs, etc. par le cit. d'H ... (d'Humières.) *Paris*, s. d. in-8, br.

250 Manuel lexique (par l'abbé Prevost.) *Paris*, 1750, 2 vol. in-8, v. j. fil. arm. (anc. rel.)

251 Dictionarium latinum et gallicum, collegit P. Danetius ad usum delphini. *Lugduni*, 1712, gr. in-4, v. j.

252 Apothéose du Dictionnaire de l'Académie et son expulsion de la région céleste. *Lahaye*, 1696, in-12, d.-r.

253 Les Gasconismes corrigés ; par Desgrouais. *Toulouse*, 1768, in-8, v. f.

254 Dictionnaire de l'Académie russe. *St.-Pétersbourg*, 1789, 6 vol. in-4, v. rac.

255 Dictionnaire abrégé françois et russe ; par Novicoff. *Moscou*, 1802, in-16, b. — Dialogues français, russes et allemands. *St-Pétersbourg*, 1791, in-8, d.-r.

256 Traité du style, par Thiébault. *Paris*, 1801, 2 vol. in-8, br.

257 Développemens historiques de l'intelligence et du goût, par rapport à l'éloquence ; par M. Landié. *Paris*, 1813, gr. in-8, pap. vél. br.

258 Leçons françaises de littérature et de morale ; par MM. Noël et Delaplace. *Paris*, 1813, 2 vol. in-8, b. rac. fil.

259 Harangues tirées des historiens grecs, trad. par l'abbé Auger. *Paris*, 1788, 2 vol. in-8, v. m. all. fil.

260 Oraisons de Cicéron , trad. du françois par de Villefore. *Paris*, 1732, 8 vol. in-12, v. f. (*anc. rel.*)

261 Discours couronné par la Société royale des Arts et des Sciences de Metz en 1784, par de Robespierre. *Paris*, 1785, in-8, br.

262 L'Iliade et l'Odyssée d'Homère, trad. par Bitaubé. *Paris, Didot aîné*, 1787, 12 vol. in-18, pap. vél. br.

263 Anacreontis Odaria, græcè et latinè. *Parmæ, Bodoni*, 1785, gr. in-4, car. maj. vél.

264 Odes d'Anacréon, trad. en vers languedociens , par Aubanel. *Nismes*, 1814, in-12, br.

265 Opus aureum et scholasticum in quo continentur Pythagoræ carmina aurea, Phocylidis Theognidis et aliorum Poemata (grecè et latinè) curante Mich. Neandro. *Lipsiæ*, 1578, 2 vol. in-4, vél.

266 Quintus Horatius Flaccus, cum notis Variorum , edente Lemaire. *Parisiis*, 1831, in-8, tom. 2 et 3 br.

267 M.-Ann. Lucani Pharsalia. *Parisiis, Renouard*, 1795, in-fol. max. pap. vél. cart.

268 Mythographi latini : C. Jul. Hyginus, Fab. Planciades Fulgentius, Lactantius Placidus , Albricus philosophus, edente Th. Munckero. *Amst.* 1681, 2 vol. in-8, portr. et fig d.-r. m. r. (*non rognés*).

269 Etudes de Mœurs et de Critique sur les poètes latins de la Décadence, par D. Nisard. *Paris, Gosselin*, 1834, 2 vol. in-8, br.

II. *Poètes français, italiens et autres.*

270 Art poétique de Boileau, et divers morceaux choisis de poésie française, trad. en vers latins, par l'abbé Paul. *Paris*, 1820, in-8, br.

271 OEuvres de Boileau - Despréaux. *Genève*, 1716, 2 vol. gr. in-4, fig. v. m. fil.

272 Les mêmes, avec les notes de Saint-Marc. *Amst.* 1772, 5 vol. in-12, v. éc. fil.

273 Les mêmes, avec les commentaires revus et augmentés par M. Viollet le Duc. *Paris, Desoer*, 1823, gr. in-8, portr. br.

274 Fables choisies, mises en vers par de La Fontaine. *Bouillon*, 1776, 4 vol. in-8, br.

275 Les mêmes, avec fig. gravées par Simon et Coiny. *Paris, Bossange*, 1796, 4 vol. in-8, br.

276 La Pucelle d'Orléans, poëme, par Voltaire. *Buckingham*, 1787, in-8, br.

277 L'art de peindre, poëme, par Watelet. *Paris*, 1760, p. in-8, fig. v. f.

278 OEuvres de Colardeau. *Paris*, 1779, 2 vol. in-8, v. m.

279 Les mêmes. *Paris, Janet et Cotelle*, 1825, gr. in-8, pap. vél. fig. br.

280 Contes et Nouvelles, par Vergier et autres. *Paris, Coustelier*, 1727, 2 vol. p. in-8, v. m.

281 Poésies de Nicolas Bonneville. *Paris*, 1793, in-8, br.

282 Contes et Poésies du C. Collier, commandant général des croisades du Bas-Rhin. *Savone*, 1792, 2 tom. 1 vol. in-16, d.-r.

283 Géorgiques françaises, poëme, par M. Rougier. *Paris*, 1824, 2 vol. in-8, fig. br.

284 Les Loisirs d'un Banni, par Arnault; pièces recueillies, et publiées avec des notes, par M. Imbert. *Paris*, 1823, 2 vol in-8, br.

285 La Bonapartide, ou le nouvel Attila, par Courtois. *Paris*, 1819, in-8, br.

286 OEuvres de J. B. M. de Maisonneuve. *Paris*, 1824, in-8, portr. br.

287 La Forêt de Fontainebleau, poème, suivi de poésies diverses, par J. B. A. Durand, menuisier. *Fontainebleau et Paris*, 1836, in-8, br.

288 Storia della Letteratura italiana di Girol. Tiraboschi. *Firenze*, 1805, 9 tom. 20 vol. in-8, cart.

289 Opere di Lod. Ariosto. *In Bassano*, 1780, 4 vol. p. in-12, v. éc. fil.

290 Roland furieux, trad. de l'Arioste, et Roland l'amoureux, trad. de Boyardo, par Tressan. *Paris*, 1780, 5 vol. in-12, v. éc.

291 Orlando innamorato di Matteo M. Boiardo, rifatto da Franc. Berni. *Parigi, Molini*, 1768, 4 vol. in-12, v. gr. fil.

292 Godefroy, ou la Hiérusalem déliurée du Tasse, trad. en vers franç. (par Sablon). *Paris*, 1671, 2 vol. in-16, fig. v. m.

293 Jérusalem délivrée, poème, trad. de l'ital. du Tasse, par Lebrun. *Paris*, 1810, 2 vol. in-8, br.

294 Le Berger fidèle, trad. de l'ital. de Guarini en vers franç. (par l'abbé de Torche). *La Haye*, 1702, in-12, fig. d.-r.

295 Pétrarque à Vaucluse (par Arnavon). *Paris*, 1803, in-8, br.

296 Teagene, poema di Cio.-Batt. Basile. *In Roma*, 1637, in-4, v. br. fil.

297 L'America, poema eroico di Girol. Bartolomei. *In Roma*, 1650, in-fol. v. br.

298 Il Telemaco in ottava rima, tratto dal francese, da Flaminio Scarselli. *In Roma*, 1747, 2 tom. 1 vol. in-4, fig. v. m.

299 Les Abeilles, poème, trad. de l'ital. de Rucellaï, par Pingeron. *Amst.* 1770, in-12, v. m.

300 Poésies d'Ossian et de Sineds, en allemand. *Vienne*, 1792, 5 vol. in-4, pap. vél. portr. br.

301 Gulistan, où le Jardin des Roses, trad. du persan de Saady (par l'abbé Gaudin). *Paris*, 1791, in-8, b. j.

III. *Art dramatique, Romans, Contes.*

302 Les Leçons de Thalie (par Alletz). *Paris*, 1751, 2 vol. in-12, v. m.

3o3 La Pratique du théâtre, par d'Aubignac. *Amsterdam, J. Fr. Bernard*, 1715, 2 vol. in-8, v. b.

3o4 Les Comédies de Térence, avec la traduction et les remarques de madame Dacier. *Paris, Barbou*, 1768, 3 vol. in-12, fig. v. m.

3o5 OEuvres de Molière. *Paris*, 1710, 8 vol. in-12, v. j.

3o6 OEuvres de P. Corneille. *Paris*, 1758, 8 vol. in-12, b. éc.

3o7 Théâtre d'Anseaume. *Paris*, 1766, 2 vol. in-8, v. m.

3o8 OEuvres de Champmeslé. *Paris*, 1742, 2 vol. in-12, bas.

3o9 Théâtre de Morand. *Paris*, 1751, 3 vol. in-12, v. éc.

3io OEuvres de théâtre de Pesselier. *Paris*, 1740, in-12, v. m.

3ii OEuvres de Regnard, avec des remarques par M. G*** (Garnier). *Paris, Didot*, 1790, 4 vol. in-8, mar. r.

3i2 OEuvres de Rochon de Chabannes. *Paris*, 1776, in-8, v. m. fil.

3i3 OEuvres de théâtre de Saint-Foix. *Paris, Imp. roy.* 1774, 3 vol. in-12, v. m.

3i4 Théâtre de Société (par Collé). *Paris*, 1768, 2 vol. in-8, v. m.

3i5 Théâtre de Guyot de Merville. 1742, in-8, v. m.

3i6 Théâtre de Le Grand. 1731, 4 vol. in-12, v. m.

3i7 Théâtre espagnol (trad. par Linguet). *Paris*, 1770, 4 vol. in-12, bas.

3i8 Théâtre anglois. *Paris*, 1746-1769, 14 vol. in-12, v. m.

Théâtre anglois (trad. par de la Place). 8 vol. — Lettre sur le Théâtre anglois, avec trad. de l'Avare, com. de Shadwell, et de la Femme de campagne, com. de Wicherlay. 2 vol. — Nouveau Théâtre anglois. 2 vol. — Nouveau Théâtre anglois (trad. par mad. Riccobini) 2 vol.

3i9 Théâtre de Clénerzow, trad. du russe, par le baron de Blening. *Paris*, 1771, 2 vol. in-8, v. m.

32o L'Origine des Dieux du Paganisme, par Bergier. *Paris*, 1794, 2 vol. in-12, v. m.

32i Les Pastorales de Longus, par Courier. *Paris*, 1821, in-8, br.

322 Les mille et une Soirées, contés mogols (par Gueullette). *Paris*, 1765, 3 vol. in-12, v. m.

323 Les mille et une Nuits, contes arabes, trad. en français par Galland. *Paris*, 1822, 5 vol. in-8, fig. br.

324 Contes des Génies, trad. du persan en angl. par Ch. Morell (Jacq. Ridley) et de l'angl. en français (par Robinet). *Amst.* 1766, 3 vol. p. in-8, fig. v. m.

325 Contes persans, par Inatula de Delhi; trad. de l'angl. *Paris,* 1769, 2 vol. in-12, v. m.

326 Yu le grand et Confucius, histoire chinoise, par Clerc. *Soissons,* 1769, in-4, b. m.

327 Aventures et Espiégleries de Lazarille de Tormes, (trad. de l'esp. de D. Diego Hartado de Mendoça). *Paris, Didot jeune,* 1801, 2 vol. gr. in-8, pap. vél. fig. (40) cart. à la Bradel.

328 L'infortuné Napolitain (par l'abbé Olivier). *Amst.* 1719, 2 vol. in-12, fig. v. f. *arm.*

329 Les Désespérés, histoire héroïque, trad. de l'ital. de Marini (par De Seré). *Paris,* 1732, 2 vol. in-12, fig. v. br.

330 Histoire de madame la comtesse Des Barres (par l'abbé de Choisy). *Bruxelles, Foppens,* 1737, in-12, v. m.

331 Mémoires Turcs, avec l'Histoire galante de leur séjour en France (par Godard Daucourt). *Amst.* 1750, 2 vol. in-12, v. m.

332 Lucette, ou les Progrès du libertinage, par N*** (Nougaret). *Londres,* 1765, 3 p. 1 vol. in-12, v. m.

333 Recueil de Contes et de Poëmes, par D*** (Dorat). *Paris,* 1776, in-8, fig. br.

334 Le Paysan et la Paysane pervertis, ou les Dangers de la ville, par Rétif de la Bretone. *Ixhaye,* 1784, 8 vol. in-12, fig. v. j. fil.

335 Le Voyage du valon tranquille, nouvelle, par Charpentier. *Paris,* 1796, in-12, pap. vél. d.-r.

336 Denneville, ou l'homme tel qu'il devrait être, par B. d'Arnaud. *Paris,* 1802, 3 vol. in-8, fig. br.

337 Mon journal d'un an, ou Mémoires de Mlle de Rozadelle-St-Ophelle (par Mérard S. Just). *Parme (Paris)* in-18, cart.

338 Recueil de Romans historiques (par l'abbé Langlet du Fresnoy). *Londres (Paris)* 1747, 8 vol. in-2, v. f. (anc. rel.)

339 Contes de Paul-Phil. Gudin, précédés de Recherches sur l'origine des Cartes. *Paris,* 1806, 2 vol. in-8, br.

340 Voyages de Sind-Bâd le marin, et la Ruse des femmes,

contes arabes, traduits par Langlès, texte arabe en regard. *Paris, Imp. roy.* 1814, in-18, d.-r.

341 Vida, y Hechos del ingenioso caballero Don Quixote de la Mancha, por Miguel de Cervantes Saavedra. *Madrid*, 1777, 4 vol. in-8, fig. bas. m.

342 Nouvelles de Michel de Cervantes. *Amsterd.* 1713, 2 vol. in-12, fig. v. br.

IV. *Philologie, Critique, Mélanges.*

343 OEuvres de Rabelais. *Lyon*, 1558, 3 p. 1 vol. in-8, v. m.

344 Le moyen de parvenir (par Beroalde de Verville). In-12, v. f. anc. rel. (*piqué*).
Première édition surchargée de corrections et d'additions manuscrites.

345 L'Eloge de la Folie, trad. du lat. d'Erasme, par Gueudeville. (*Paris, Coustelier*) 1751, fig. — Mémoires pour servir à l'Histoire de la fête des foux, par Du Tilliot. *Lausanne*, 1751 : 2 tom. 1 vol. in-12, fig. v. m.

346 Faustin, ou le Siècle philosophique, (par Doray de Longrais). *Amst.* 1784, in-8, v. j.

347 La Lésine et la contre-Lésine. *Paris*, 1618, 2 vol. in-12, v. m.

348 Cléon, rhéteur cyrénéen, ou Apologie d'une partie de l'histoire naturelle (par Thorel de Campigneulles). *Amst.* 1750, in-12, d.-r.

349 Les Moines empruntez, par P. Joseph (de Haitze). 1698, 2 tom. 1 vol. in-12, v. br.

350 Les Etrennes de la Saint-Jean (par Caylus). *Troyes, veuve Oudot*, 1742, in-12, portr. v. f. (anc. rel.)

351 Les Dîners du Baron d'Holbach, par madame de Genlis. *Paris*, 1822, in-8, br.

352 L'Ane promeneur, ou Critès promené par son âne (par Gorsas). *Paris*, 1786, in-8, br.

353 Eloge de l'Enfer (par Bénard). *Lahaye*, 1759, 2 vol. in-12, fig. d.-r.

354 Le Diable dans un bénitier, et la Métamorphose du Gazetier cuirassé en mouche....., par P. Leroux, ingénieur des grands chemins (par La Fitte, marquis de Pellepore). *Paris, Imp. roy.* (*Londres*, vers 1784), in-8, br.

355 Le Salmigondis. OEuvres morales, physiques et burlesques, par D. L. et D. S. *Francfort*, 1740, p. in-8, v.

356 Essai du nouveau conte de ma mère Loye..... (par
l'abbé Debonnaire). 1722, in-8, v. br.

357 Tulikan, fils de Gengiskan, ou l'Asie consolée; par
Ant. Gibelin. *Paris*, 1803, in-8, fig. br.

358 Mémoires pour servir à l'Histoire de la Barbe de
l'homme (par Dom Fangé). *Liége*, 1774, in-8, cart.
(*non coupé*).

359 Mémoires secrets pour servir à l'histoire de la répu-
blique des lettres (par de Bachaumont, Pizandat de
Mairobert, Moufle d'Angerville et autres). *Londres*,
John Adamson, 1784, 36 vol. in-12, bas. j.

360 Le véritable esprit de J.-J. Rousseau, par l'Abbé Sabatier de Castres. *Metz*, 1804, 3 vol. in-8, d.-r.

Sur le frontispice du premier vol. se trouve une note biographique sur
l'abbé Sabatier de Castres. Cette note est autographe et signée *Lanjuinais*,
pair de France.

361 Mélanges, 2 pièces en 1 vol. in-8, fig. v. m.

Le Vice puni, ou Cartouche, poëme (par Grandval). *Anvers*, 1725. —
Le Spectre, apparition première. *Cologne, P. Marteau*, 1743.

362 Mélanges : 5 pièces en 1 vol. in-8, fig. v. éc.

Eloge de P. Corneille, par M. L*** de L***. *Nismes*, 1768.—Oraison funèbre de Marie de Lezinska, par le même. *Ib.* — La Peinture, poëme, par
Michel d'Avignon. *Lyon*, 1767.— La conversion de M. de V** (Voltaire).
1768. — Discours de la nature et des effets du luxe, par le P. G. B. *Turin*,
1768.

363 Mélanges : 12 pièces publiées en 1776; 1 vol. in-8, v.

Satyre, par Rob. de Beauveset.—Epitre de Gresset.—Discours, prix d'é-
loquence de l'Acad. de Montauban, par le P. Cerutti. *Lyon*, 1761. — La
Censure. — Requêtes et Consultations de Linguet. *Bruxelles*; 4 p. — Discours, prix d'éloquence de l'Acad. de Besançon, par l'abbé de Moï.— Coriolan, tragédie, par Balze. *Avignon*. — Caïus Marcius Coriolan, tragédie,
par Gudin de la Brenellerie.

364 Mélanges; 2 pièces en 1 vol. in-8, v. f.

Le Dépit et le Voyage, poëme, avec des notes, suivi des Lettres véni-
tiennes. *Paris*, 1771, fig. (4). — Mémoire sur le safran, par de la Taille des
Essarts. *Orléans*, 1760.

365 Mélanges : 4 pièces en 1 vol. in-8, fig. d.-r.

Narcisse, poëme, par Malfilâtre.— Errotika Biblion (par Mirabeau). —
La Mort d'Abel, tragédie, par Le Gouvé, 1792.— Mémoires philosophiques
du cit. Henrion.

366 De la Politesse, ouvrage critique, moral et philosophique, par M. Emeric. *Paris*, 1819.— Essai sur l'Esprit de conversation, par M. P.-N. D... y (Delafoy).
Paris, 1821 : 2 tom. 1 vol. in-8, d.-r.

367 Mélanges : 7 pièces en 1 vol. in-8, d.-r.

A Louis-Philippe, roi, Charles Maurice, homme de lettres. — Révolution de juillet 1830; par M. Dupin. — Le Procès d'un maréchal de France, drame en quatre actes, par MM. Fontan et Dupeuty. — Marie Stuart, tragédie, par M. P. Lebrun. — Réflexions sur l'Art théâtral, par Mauduit-Larive. — Séthos, ou une Journée de l'ancienne Egypte, poème dramat. etc.

368 Mélanges : 10 pièces en 1 vol. in-8, d.-r.

La Monarchie de 1830, par M. Thiers. — Observations sur div. questions d'Economie politique, par S. de Girardin. — De la Propriété, par Roederer. — Notice sur une feuille de diptyque d'ivoire, représentant le Baptême de Clovis. — Considérations sur les Beaux-Arts, par M. Moreau; etc. etc.

369 Devises et Emblèmes d'Amour, moralisez en sept sortes de langues, par Pallavicini. *Amsterdam*, 1696. — La Vie de Socrates (en hollandais). *Harlem*, 1710. — Thomæ Hobbes Angli Vita. *Parolopoli*, 1682 : 3 part. 1 vol. in-4, portr. et fig. vél.

V. *Polygraphes, et Mélanges littéraires.*

370 Opere di Nic. Machiavelli. *Nell' Haya*, 1726, 4 vol. in-12, v. j.

371 OEuvres de Machiavel (trad. par Tétard). *La Haye*, 1743, 6 vol. in-12, v. m.

372 OEuvres de Fontenelle. *Paris*, 1767, 11 vol. in-12, v. m.

373 OEuvres choisies de De la Monnoye. *Paris*, 1770, 3 vol. in-8, br.

374 OEuvres complètes d'Alexis Piron, publiées par Rigoley de Juvigny. *Paris*, 1776, 9 vol. in-18, v. m.

375 Les mêmes. 7 vol. in-8, portr. v. m.

376 OEuvres complètes de Vadé. *Lyon*, 1787, 4 vol. in-12, bas.

377 OEuvres de Duclos. *Paris*, 1802, 5 vol. in-8 p. br.

378 OEuvres de Montesquieu. *Londres (Paris)* 1769, 7 vol. in-8, v. m.

379 OEuvres de La Harpe. *Paris*, 1778, 6 vol. in-8, br.

380 OEuvres diverses de J.-J. Barthélemy. *Paris*, 1797, 2 vol. in-8, d.-r.

381 OEuvres de Hume, trad. de l'angl. *Amst.* 1764, 6 v. in-12, v. j. fil.

VI. *Epistolaires.*

382 Lettres écrites sous le règne d'Auguste (par Marc, de Vesoul). *Paris*, 1803, in-8, fig. br.

383 Lettres et Mémoires de madame de Maintenon. *Glascow (Paris)* 1756, 11 vol. in-12, v. m.
384 Lettres de Madame de Pompadour. *Londres*, 1772, 4 vol. in-12, v. m.
385 Lettres de la Marquise Du Deffand à Horace Walpole, etc. *Paris*, 1824, 2 vol. in-8, fig. br.
386 Correspondance de Voltaire et du cardinal de Bernis, 1761-1777. *Paris*, 1798, in-8, br.
387 Correspondance littéraire de Laharpe. *Paris*, 1801, 4 vol. in-8, v. gr. fil.
388 Les Confessions de J.-J. Rousseau. *Paris, Poinçot*, 1798, 4 vol. in-12, fig. br.
389 Lettres de Sterne à ses Amis, trad. de l'angl. *Paris*, 1789, in-12, br.

HISTOIRE.

I. *Géographie, Voyages.*

390 Considérations générales sur l'étude et les connoissances que demande la composition des Ouvrages de Géographie; par D'Anville. *Paris*, 1777, in-8, br.
391 Géographie, par Munier. *Paris*, 1804, 2 vol. in-8, br.
392 Atlas et Recueil des Cartes géographiques publiées par Gossellin. *Paris, Imp. roy.* 1814, gr. in-4, d.-r. (75 pl.)
X 393 Atlas de D'Anville, pour servir à l'Histoire ancienne de Rollin. *Paris*, 1745, gr. in-4, cart. (13 *feuilles*).
394 Mappemonde astronomique, physique et mathématique. — L'Europe, l'Asie, l'Allemagne, etc. 1775. Ensemble 5 cartes manuscrites, collées sur toile.
395 Notice de l'Ancienne Gaule, tirée des monumens romains, par D'Anville. *Paris*, 1760, in-4, fig. v. m.
396 Atlas historique de la France; dressé par Rizzi Zannoni, pour servir à l'Histoire de Velly. *Paris*, 1765, gr. in-4, d.-r. (60 *pl. color.*)
397 L'Indicateur fidèle, ou Guide des Voyageurs sur toutes les routes royales et particulières de la France, par Michel. *Paris, Desnos*, 1768, gr. in-4, v. m. (18 *pl. col.*)
398 La République française en 88 départemens : Dictionnaire géographique et méthodique. *Paris*, 1795, in-8, fig. cart. (88 pl. color.)
399 Atlas géographique et statistique de la France, divisée

en 108 départemens. *Paris, Desnos*, gr. in-4, cart. (109 *cartes col. avec texte explicatif, de 120 pages*).

400 Description histor. et topogr. de la grande route de Reims, par Dom Coutans. *Paris*, 1775, in-4, br.

401 Voyage pittoresque et sentimental dans plusieurs provinces occidentales de la France (en prose et en vers, par le maréchal Brune). *Paris*, 1806, gr. in-18, pap. vél. fig. d.-r. (*non rogné*).

402 Lettres d'un voyageur à l'embouchure de la Seine, par M. A. M. De St-Amand. *Paris*, 1828, in-8, fig. br.

403 Voyage pittoresque, et Navigation sur une partie du Rhône réputée non navigable, par Boissel. *Paris*, 1795, in 4, fig. br.

404 Voyage historique et politique au Montenegro, par le colonel Vialla, de Sommières. *Paris*, 1820, 2 vol. in-8, fig. br.

405 Carte de l'Italie, par Rizzi Zannoni. 1802, 2 *feuilles*. Plan de Milan, 1 *feuille*.

406 Livre des Routes d'Italie. 3 vol. in-8, avec 23 cartes. — Guide pour le voyage d'Italie en poste, avec 25 cartes. *Turin*, 1796, in-8, br. — Routes d'Ogilby par l'Angleterre, publiées par Lerouge : 101 cartes. *Paris*, 1759, in-4, obl. — Kitchin's Post-Chaise Companion through England and Wales, with 103 pl. *London*, 1767, in-4, obl.

407 Carte physique, historique et routière de la Grèce, par Lapie. *Paris*, 1826, 4 feuilles, collées sur toile.

408 Atlas de l'Histoire philosophique des Deux-Indes, par Raynal, et réunion de diverses autres Cartes anglaises et françaises. Gr. in-4, d.-r.

Cet Atlas est enrichi de notes manuscrites autographes et signées *J. H. de Magellan, Londres*, 22 août 1775.

409 Analyse géographique de l'Italie, par D'Anville. *Paris*, 1745, in-4, fig. v. éc.

410 Abrégé de l'Histoire générale des Voyages, par De la Harpe. *Paris*, 1780 et ann. suiv. 23 vol. in-8, b. m. fig. et cart.

411 Les Passaiges d'oultremer faitz par les Françoys. *Paris, Michel le Noir*, 1518, in-fol. goth. 2 col. fig. s. b. vél. à nerfs.

Exemplaire dont les premiers feuillets sont endommagés par l'humidité.

412 Voyage autour du monde, trad. de l'angl. par Fréville. *Paris*, 1772, in-8, v. m.

413 Troisième voyage de Paul Lucas dans la Turquie, l'Asie, la Sourie, la Palestine, etc. *Rouen*, 1719, 3 vol. in-12, fig. v. br.

414 Mémoires sur l'Egypte ancienne et moderne, suivis d'une Description du Golfe arabique ou de la Mer rouge, par D'Anville. *Paris, Imp. roy.* 1766, in-4, fig. v. m.

415 Voyage en Espagne, par Delangle. *Paris*, 1803, in-8, br.

416 Carte du Duché de Brabant et partie de la Hollande, par Dheulland. In-4, b. (25 pl.)

417 Théâtre de la Guerre en Allemagne, par Lerouge. *Paris*, 1741, in-4, obl. v. j.

418 Théâtre de la Guerre de 1755 à 1763, Plans de Villes et Forteresses d'Allemagne. 70 cartes color. 1 vol. in-4, v. m.

419 Atlas élémentaire de l'Empire d'Allemagne, par l'abbé Courtalon. *Paris*, 1774, gr. in-4, v. éc. fil. d. s. tr. (13 cart. color. et 23 tableaux historiques et chronologiques).

420 Atlas élémentaire de l'Allemagne, par Mentelle et Chanlaire. *Paris*, 1798, gr. in-4, cart.

421 Voyage en Allemagne et en Suède, par J.-P. Catteau. *Paris, Dentu*, 1810, 3 vol. in-8, bas.

422 Voyage en Allemagne, trad. de l'angl. de Riesbeck. *Paris*, 1792, 3 vol. in-8, fig. d.-r.

423 Voyage dans le Tyrol et une partie de la Bavière, en 1811, par M. de Serres. *Paris, Nepveu*, 1828, 2 vol. in-8, fig. color. br.

424 Voyage en Hanovre, par Mangourit. *Paris*, 1805, in-8, br.

425 Angleterre ancienne, trad. de l'angl. de Strutt, par Boulard. *Paris*, 1789, 2 vol. in-4, dont un de pl., cart.

426 Relation de l'Irlande (par La Peyriere). *Paris, Billaine*, 1663, in-8, v. j. fil.

427 L'Etranger en Irlande, ou Voyage dans les parties méridionales et occidentales de cette isle, dans l'année 1805, par J. Carr, trad. de l'angl. par M⁀ Keralio-Robert. *Paris*, 1809, 2 vol. in-8, fig. bas.

428 Atlas général de la Chine, par D'Anville, pour servir à la Description de cet empire, rédigée par l'abbé Grosier. *Paris*, 1785, in-fol. cart.

429 Voyages et Descouvertes de Champlain en la nouvelle France, 1615-1618. *Paris*, 1628, in-8, fig. v. m.

430 Voyage et Avantures de François Leguat et de ses compagnons en deux isles dézertes des Indes orientales. *Londres*, 1708, 2 vol. in-12, fig. v. m.

431 Histoire de la découverte et de la conquête du Pérou, trad. de l'esp. d'Aug. de Zarate, par S. D. C. *Paris*, 1716, 2 vol. in-12, fig. b. m.

432 Voyage aux Indes orientales, et en Afrique, par Rochon. *Paris*, 1807, in-8, br.

433 Recueil de Voyages dans l'Amérique méridionale, trad. de l'esp. et de l'angl. (par Bernard). *Amst.* 1738, 2 vol. in-12, v. j.

434 Voyage dans l'Amérique méridionale, par de la Condamine. *Paris*, 1745, in-8, fig. v. f.

435 Voyage dans l'Amérique septentrionale, et Campagne de l'armée de Rochambeau, par l'abbé Robin. *Paris*, 1782, in-8, b. m.

436 Description géographique de la Guyane, par Bellin. *Paris*, 1763, in-4, fig. v. j. fil.

437 Voyage à Madagascar, à Maroc et aux Indes orientales, par Rochon. *Paris*, 1801, 3 vol. in-8, fig. br.

438 Voyage à Cayenne, dans les deux Amériques, et chez les Antropophages ; par Pithou. *Paris*, 1805, 2 vol. in-8, fig. br.

439 Voyage en Guinée, par Guill. Bosman. *Utrecht*, 1705, in-12, fig. v. m.

440 Naufrage de la frégate la Méduse, par Corréard et Savigny. *Paris*, 1818, in-8, fig. br.

441 Histoire de la Louisiane, par Barbé-Marbois. *Paris*, *Firm. Didot*, 1829, in-8, pap. vél. fig. d.-r. (*non rogné*).

442 Voyages de Chardin en Perse et autres lieux de l'Orient. *Amst.*, 1711. 3 vol. in-4, fig. v. m.

443 Mémoires du voyage du marquis De Ville au Levant, par D'Alquié. *Amst.* 1771, 2 tom. 1 vol. in-12, v. br.

444 Voyage à Tripoli, ou Relation d'un séjour de dix années en Afrique ; par Mac Carthy. *Paris*, 1819, 2 vol. in-8, fig. d.-r.

445 Voyage de l'Inde en Angleterre, trad. de l'angl. du colonel Jonhson. *Paris*, 1819, 2 vol. in-8, fig. color. d.-r.

II. *Histoire universelle.*

446 Fasciculus temporum en françois. *Genève*, 1495,
    p. in-fol. goth. fig. s. b. bas.
    Exemplaire mouillé, et dont le dernier feuillet est écorné.

447 Discours sur l'Histoire universelle, par Bossuet.
    Amst. 1738, 4 vol. in-12, v. m.

448 Histoire universelle, en style lapidaire (par Sylvain
    Maréchal). *Paris*, 1800, gr. in-8, d.-r.

449 Précis de l'Histoire du moyen-âge et de l'Histoire
    moderne, par M. Ferréol Pérard. *Paris*, 1833, in-8, br.

450 Les vrayes Centuries et Prophéties de Maistre Michel
    Nostradamus. *Amsterdam*, 1667, in-12, parch.

451 Harmonie des Prophéties avec quelques événemens
    du tems passé et plusieurs du tems présent qui nous dé-
    couvre ceux qui ne sont pas loin d'arriver, par C. de
    Loys. *Lausanne*, 1774, in-8, br.

III. *Histoire des Religions, des Ordres religieux, des Templiers, des Francs-Maçons, etc.*

452 Les Religions du monde escrites par Al. Ross, et trad.
    par Th. La Grue. *Amst.* 1669, 3 vol. in-12, fig. v. j.

453 Ant. Gallonii de SS. martyrum cruciatibus libr. *An-
    tuerpiæ, Frisius*, 1668, in-12, fig. vél.

454 Le Mystère d'iniquité, c'est-à-dire, l'Histoire de la
    Papauté..., par Philippes de Mornay. *Genève*, 1612,
    in-8, v. m.

455 Relation des délibérations du Clergé de France sur les
    Constitutions de nos SS. Pères les Papes Innocent X et
    Alexandre VII. *Paris, Josse*, 1677, in-4, mar. r.
    comp. (arm. anc. rel.)

456 Histoire des Anabaptistes, leur doctrine, leurs opi-
    nions (par le P. Catrou). *Paris (Holl.)* 1695, in-12,
    fig. v. m.

457 Histoire de la guerre des Hussites et du Concile de
    Basle, par Jaques Lenfant. *Amst.* 1731, 2 tom. 1 vol.
    in-4, fig. v.

458 L'Origine des Cardinaux du Saint-Siége, et particu-
    lièrement des François (par Du Peyrat). *Cologne*, 1670,
    in-12, v. f. [4 p. 8 l.]

459 L'Histoire de la vie du Pape Sixte cinquième, trad. de l'ital. de Gregorio Leti. (*Holl. à la sphère*) 1685. 2 tom. 1 vol. in-12, v. b.

460 Histoire de la Papesse Jeanne, trad. du latin de Spanheim (par Lenfant). *La Haye*, 1758, 2 vol. in-12, fig. v. m.

461 Familier éclaircissement de la question si une femme a esté assise sur le siége papal de Rome, par Dav. Blondel. *Amst. Blaeu*, 1649, in-8, d.-r.

462 Le Syndicat du Pape Alexandre VII, avec son voyage en l'autre monde; trad. de l'ital. (de Greg. Leti. *Holl.*) 1669, in-12, d. r. [4 p. 9 l.]

463 Le céleste Divorce..... trad. de l'italien (de Ferrante Pallavicino, par Brodeau d'Oiseville). *In Villafranca*, 1644, in-16, v. j.

464 Taxe de la Chancellerie romaine, ou la Banque du Pape (par Renout). *Rome (Holl.)* 1744, 2 p. 1 vol. in-12, v. m.

465 Taxes des parties casuelles de la boutique du Pape (par Ant. Du Pinet). *Paris*, 1820, in-8, br.

466 Table générale de l'état des Archevéchés, Eveschés, Abbayes et Pricurés, de nomination et collation royale, avec la taxe en Cour de Rome, le revenu, le nom des Titulaires, etc. *Paris*, 1743, in-8, v. m.
Exemplaire intercalé de feuillets blancs sur lesquels ont été placées quelques notes manuscrites.

467 Collection des actes de l'Assemblée des Israélites de France et d'Italie; par Diog. Tama. *Paris*, 1807, in 8, br.

468 Organisation civile et religieuse des Israélites de France et d'Italie, décrétée par S. M. l'Empereur le 17 mars 1808. *Paris*, 1808, in-8, br.

469 Histoire des Religions ou Ordres militaires de l'Église et des Ordres de chevalerie, par Hermant. *Rouen*, 1725, 2 vol. in-12, fig. v. j.

470 Mélanges des Missions de la Chine. *Holl.* 1701, 3 tom. 1 vol. p. in-8, v. m.
Lettre de Marin Labbé, évêque de Tilopolis, au Pape, sur les superstitions chinoises. — Réponse aux écrits de messieurs des Missions étrangères contre les Jésuites. — Six Lettres touchant la Religion, les Cultes et la Morale des Chinois.

471 La Monarchie des Solipses, trad. du latin de Melchior Inchofer, avec des remarques (par Restaut). *Amst.* 1721, in-12, v. m.

472 Les Jésuites mis sur l'eschafaud. (*Holl.*) 1677, in-12, v. éc. fil. d. s. tr. (*mouillé.*)

473 Le Jésuite sécularisé. *Cologne* (*à la sphère*) 1683, in-12, vél.

474 Constitution du monastère de Port-Royal (par les mères Agnès Arnauld et Euphénie Pascal, et la sœur Gertrude). *Mons, Migeot*, 1665, in-12, v. b. comp. agr.

475 De verâ habitûs formâ, à Seraphico B. P. Francisco institutâ Demonstrationes XI, figuris æneis (35) expressæ; auct. Zach. Boverio, capucino. *Coloniæ*, 1643, in-12, vél.

476 Histoire des Religieux de la Compagnie de Jésus (par l'abbé Quesnel). *Soleure*, 1740, 4 vol in-12, v. j.

477 Le Bouclier de la France, ou les Sentiments de Gerson et des Canonistes, touchant les différends des Rois de France avec les Papes (par Eust. Le Noble). *Cologne*, 1691, in-12, v. f. fil.

478 Abrégé chronologique des principaux événements qui ont précédé la Constitution *unigenitus* (par Legros), 1732. — Explication abrégée des principales questions qui ont rapport aux affaires présentes (par Boursier; avec 12 fig. de Nic. Godonesche). 1731, 2 tom. 1 vol. in-12, v. j.

479 Histoire du Fanatisme de notre tems, par De Brueys. *Utrecht*, 1737, 2 vol. in-12, portr. v. j.

480 Histoire de l'établissement des Moines mendiants (par D'Alembert). *Avignon*, 1767, in-12, b. m.

481 Monumens historiques relatifs à la condamnation des chevaliers du Temple; par Raynouard. *Paris*, 1813, in-8, cart. à la *Bradel*.

482 Recherches historiques sur les Croisades et les Templiers; par le Ch⁵ʳ Jacob. *Paris*, 1828, in-8, fig. br.

483 Histoire critique et apologétique de l'Ordre des Templiers, par M. J. (Mansuet jeune). *Paris, Belin*, 1805, 2 tom. 1 vol. in-4, bas. j.

484 Histoire de la condamnation des Templiers, par P. Dupuy. *Brusselle, Foppens*, 1713, 2 vol. in-8, portr. bas. rose.

485 Manuel des Chevaliers de l'Ordre du Temple. *Paris*, 1825, in-18, bas. rose, dent.

486 Statuta Commilitonum Ordinis Templi. *Cosmopolis*, 1811, in-4, pap. vél. br. (*très rare*). Tiré à petit nombre.

487 Bible des Chrétiens primitifs, publiée par J. N. Déal. *Paris*, 1819, 3 vol. in-18, bas. rosé.

488 Léviticon, ou Exposé des Principes fondamentaux de la Doctrine des Chrétiens catholiques primitifs. *Paris*, 1831, in-8, fig. bas. roso.

489 Manuel Maçonnique. *Paris*, 1820, in-8, fig. br.

490 Ce que c'est que la Franche-maçonnerie ; par P. De Joux. *Genève*, 1801, gr. in-8, br.

491 La Maçonnerie, poëme en trois chants, avec des notes (par M. Guerrier de Dumast). *Paris*, 1820 ; in-8, fig. br.

492 Instruction à la France sur la vérité de l'Histoire des frères de la Roze-Croix, par G. Naudé. *Paris*, 1620, in-8, vél.

493 Les plus secrets Mystères des hauts grades de la maçonnerie dévoilés.... (par Bérage). *Jérusalem* (*Holl.*) 1768, in-8, fig. br.

494 Annales maçonniques, par Caillot. *Paris*, 1807, 4 vol. in-8, d.-r.

495 Essai sur la Secte des Illuminés (par Luchet). 1789, in-8, br.

496 Constitution et organisation des Carbonari.... par M. Saint-Edme. *Paris*, 1822 ; in-8, fig. br.

IV. *Histoire ancienne.*

497 Histoire de l'ancienne Grèce, par Foulon. *Paris*, 1806, 2 vol. in-8, br.

498 Histoire de la Grèce, trad. de l'angl., par Leuliette. *Paris*, 1807, 2 vol. in-8, br.

499 Histoire ancienne, par Rollin. *Paris*, 1769, 14 vol. in-12, fig. v. m.

500 Histoire romaine, par Rollin. *Paris*, 1769, 16 vol. in-12, fig. v. m.

501 Héliogabale, ou Esquisse morale de la dissolution romaine sous les empereurs (par Chaussard). *Paris*, 1802, in-8, fig. v. j.

502 Les Impératrices romaines, par De Serviez. *Paris*, 1744, 3 vol. in-12, v. m.

503 Traité historique sur les Amazones, par P. Petit. *Leide*, 1718, 2 vol. in-12, fig. br.

V. *Histoire moderne.*

504 Tableau de l'Histoire moderne; par De Méhégan. *Paris*, 1766, 3 vol. in-12, v. m.

505 Recherches historiques et politiques sur Malte, par *** (De Brès). *Paris*, 1798, in-8, fig. br.

506 Histoire du siége de Pondichéry, sous le gouvernement de Dupleix, précédé d'un voyage fait aux Indes en 1747. *Bruxelles*, 1766, in-12, fig. v. m.

507 Anecdotes ou Histoire de la Maison ottomane (par mad. de Gomez). *Lyon*, 1724, 4 tom. 2 vol. in-12, v. j.

508 Relation des deux rebellions arrivées à Constantinople en 1730 et 31. *La Haye*, 1737. — Relation de la grande Tartarie, dressée sur les Mémoires originaux des Suédois prisonniers de guerre en Sibérie. *Amst.* 1737, 2 tom. 1 vol. in-12, v. j. fil. *arm.*

509 Nouvelle Relation de l'intérieur du serrail du Grand Seigneur; par J.-B. Tavernier. *Paris*, 1675, in-4, v. br.

510 Histoire des Wahabis, par D. A.*** (Corancez). *Paris*, 1810, in-8, br.— Histoire des Sévarambes (par D. Vairasse). *Amst.* 1716, 2 vol. in-12, fig. v. f.

511 Mémoires sur la Grèce et l'Albanie, pendant le gouvernement d'Ali-Pacha; par Ibrahim-Manzour-Effendi. *Paris*, 1727, in-8, portr. br.

512 Histoire de la Révolution grecque; par Al. Soutzo. *Paris, Firm. Didot*, 1829, in-8, portr. br.

513 Esquisse de l'Etat d'Alger, trad. de l'angl. de Will. Shaler, par Bianchi. *Paris*, 1830, in-8, fig. br.

VI. *Histoire de France.*

514 Abrégé chronologique de l'Histoire de France (par le Pr. Hénault). *Paris*, 1775, 3 vol. in-8, v. éc. fil.

515 Etudes sur l'Histoire de France et sur quelques points d'Histoire moderne, par Aug. Trognon. *Paris, Joubert*, 1836, in-8, br.

516 Traité histor. et chonol. du Sacre et du Couronnement des Rois et des Reines de France; par Menin. *Paris*, 1722, in-12, v. m.

517 La France ancienne et moderne ; par Arm. Carel. *Paris*, 1820, 2 vol. in-8, br., *avec note d'envoi.*

518 Monumens inédits de l'Histoire de France, 1400-1600, par Adhelm Bernier. *Paris*, 1835, in-8, br.

519. Des Assemblées nationales en France, par le président Henrion de Pansey. *Paris, Théoph. Barrois*, 1826, in-8, br.

520 Histoire, Actes et Remontrances des Parlemens de France, par M. Dufay (de l'Yonne). *Paris*, 1826, 2 vol. in-8, br.

521 Statistique élémentaire de la France, par Peuchet. *Paris*, 1805, in-8, br.

522 Histoire et Règne de Charles VI, par Mlle de Lussan. *Paris*, 1753, 9 vol. in-12, v. éc. 6l.

523 Essai critique sur l'Histoire de Charles VII , d'Agnès Sorelle et de Jeanne d'Arc , avec portraits et *fac-simile*. *Paris*, 1824, in-8, br.

524 Histoire de Charles VIII, roi de France, par M. le comte Ph. de Ségur. *Paris*, 1835, 2 vol. in-8, br.

525 Journal du règne de Henry III (par P. de l'Estoile). — Description de l'isle des Hermaphrodites (par Arthus Thomas, sieur d'Embry). *Cologne, P. Marteau*, 1720 et 1724, 5 p. en 4 vol. in-8, fig. v. j.

526 Histoire de Henry le Grand, par Hardouin de Peréfixe. *Amst. L. et Dan. Elsevier*, 1661, in-12, d. r. (4 p. lol.)

527 L'Education de Henry IV, par M. D... Béarnais. *Paris, Dufios*, 1790, 2 vol. in-8, fig. (6) d'après *Marillier*, br.

528 La Mort de Coligny , ou la nuit de Saint-Barthélemy, 1572, scènes historiques. *Paris*, 1830, in-8, d.-r.

529 Mélanges de Pièces historiques, in-8, d.-r.
   Le Dialogue de Calvin et de Luther, 1612. — Le Pellerin huguenot. — L'anti-Huguenot. 1625. — Le Singe huguenot. *Ib.*

530 Histoire particulière des plus mémorables choses qui se sont passées au siége de Montauban, et de l'acheminement d'iceluy. 1624, in-8.

531 Histoire du Traitté de la paix conclue sur la frontière d'Espagne et de la France, entre les deux couronnes, 1659. *Cologne (Holl. Elzévier)* 1665, in-12, vél. (5 p. 4l.)

532 La fatalité de S. Cloud près Paris (par Guyard). 1672, p. in-8, d.-r.

533 Mémoires de Joli. *Amst. Bernard,* 1718, 2 vol. p.
     in-8, v. f.

534 Mémoires de Pontis. *Paris,* 1715, 2 vol. in-12, v. f.
     fil. arm.

535 Mémoires de Feuquières. *Londres,* 1736, 4 vol.
     in-12, v. j. fil.

536 Mémoires du duc de Guise. *Cologne, P. Marteau (à*
     la sphère) 1669 , in-12, d.-r.

537 Dialogue et Vie du duc de Bourgogne, père de
     Louis XV, par l'abbé Millot. *Paris ,* 1814, in-8,
     portr. br.

VII. *Histoire des Révolutions de France, depuis 1788*
jusqu'à nos jours.

538 Despotisme des ministres de France, ou Exposition
     des principes et des moyens employés par l'Aristocratie
     pour mettre la France dans les fers (par Billaud-Va-
     renne). *Amst.* 1789, 3 vol. in-8, br. (*non coupés*).

539 L'Inquisition françoise, ou l'Histoire de la Bastille,
     par Constantin de Renneville. *Amst.* 1724, 5 vol. in-12,
     fig. v. f. fil. d. s. tr. — Manuel des Inquisiteurs (par
     l'abbé Morellet). *Lisbonne (Paris)* 1762, in-12, v. f. fil.
     d. s. tr.

540 Remarques historiques et Anecdotes sur la Bastille,
     1774, in-12, br. — Recherches historiques et critiques
     sur l'Homme au Masque de Fer, par Roux. *Paris,* 1800,
     in-8, br.

     A ce volume est jointe une note manuscrite, in-4, 1 feuillets, extraite
d'un registre de la Bastille, et relative au *Masque de fer.*

541 Remarques historiques sur la Bastille (par Linguet).
     Londres, 1783. — Apologie de la Bastille, par M. de
     M*** (par Servan). *Philadelphie (Lausanne)* 1784,
     2 tom. 1 vol. in-8, d.-r.

542 Le despotisme dévoilé, ou Mémoires de Latude, rédi-
     gés par Thiery. *Paris,* 1790 , 3 tom. 1 vol. p. in-8 ,
     portr. v. gr.

543 La Police de Paris dévoilée ; par P. Manuel. *Paris,*
     1790, 2 vol. in-8, br.

544 La Bastille dévoilée (par Charpentier). *Paris ,* 1789,
     2 vol. in-8, fig. d.-r.

545 Mélanges sur la Bastille. *Paris*, 1783 *et ann. suiv.*
9 vol. in-8, fig.

Mémoires, par Linguet. — Observations sur le précédent Ouvrage. — Apologie de la Bastille (par Servan). — Lettres de Pellissery, prisonnier onze ans à la Bastille, et treize mois à Charenton. — Histoire d'une détention de trente-neuf ans dans les prisons d'Etat (par de Beaujoint). — Le Prisonnier d'Etat, Tableau histor. de la captivité du Prévôt de Beaumont, durant vingt-deux ans. — Recherches sur l'Homme au masque de fer; par Roux; etc.

546 Almanach de la Samaritaine, avec ses prédictions,
pour l'année 1787. In-12, br.

547 Petit Almanach de nos grands hommes, pour l'année
1788. In-12, v. éc.

548 Mélanges politiques, publiés en 1788, 44 pièces in-8.

Mémoires présentés à l'Assemblée des notables. — Remontrances de la Bazoche. — Arrêté des bons Français. — Remontrances des Ecoliers de l'Université. — Lettre de Saint-Louis aux Princes du sang. — Le fin mot de l'affaire. — L'Ane promeneur (par Gorsas). — Le bon sens (par de Kersaint). — Mémoire pour le Peuple français (par Cérutti). — Jugement du Champ de Mars, rendu par le Peuple assemblé, les laboureurs y séant (par Letellier). — Le Fanal du Tiers-Etat (par le même); etc. etc.

549 Vues sur les moyens d'exécution dont les Représentans
de la France pourront disposer en 1789 (par Sieyes).
In-8, br.

55o Procès-verbal des Séances et Délibérations de l'Assemblée générale des Electeurs de Paris, réunis à l'Hôtel-de-Ville le 14 juillet 1789; par Bailly. *Paris*, 1790,
3 vol. in-8, b.

551 Recueil de Pièces sur les Etats Généraux, par Mounier
et D'Antraigues. *Paris*, 1788 et 1789, 4 part. 1 vol.
in-8, d.-r.

552 Le Parc aux Cerfs, ou l'Origine de l'affreux déficit. *A
Paris, sur les débris de la Bastille*, 1790, in-8, fig. br.

553 Mélanges de Facéties, Pièces critiques, satyriques et
burlesques, publiées à diverses époques, depuis 1788,
37 p. in-8.

Procès-verbal et Protestations de l'Ordre le plus nombreux du Royaume. — Lanterne magique nationale. — Salmigondi d'un spectateur des folies humaines. — Les Chevaux au manége. — Le Chien et le Chat, ou les deux Mirabeau. — Etrennes aux démagogues. — Pièces diverses, Jean-Bart et le père Duchesne. — Les sept péchés capitaux. — Les Fastes scandaleux, etc.

554 Mélanges de politique et de critique, en vers et en
prose, 11 pièces in-8.

Procès-verbal et Protestations de l'Ordre le plus nombreux du Royaume. — Lanterne magique nationale. — Lanterne magique républicaine. — La Papesse Jeanne, poëme (par Borde). — La liberté du Cloître (par Demoustier). — Epître aux Français républicains. — Aux Français, sur l'assassinat des Plénipotentiaires à Rastadt; par D. Cubières. — Hymnes des combats, par Bonneville. — Les Progrès des arts dans la République, poëme, par

D. Cubières.—Le Consistoire, ou l'Esprit de l'Eglise, poëme (par Aristide Valcourt).

555 Quinzaine mémorable (12 au 26 juillet 1789) par Luchet. In-8, d.-r.

556 Histoire de France pendant trois mois (15 mai au 15 août 1789) par le cousin Jacques (Beffroy de Reigny). *Paris,* 1789, in-8, br.

557 Journal de la Ville, par Luchet, 1er août au 30 septembre 1789 : 63 nos in-8 (complet) d.-r.

558 Mélanges de Pièces publiées en 1789, avant et après la prise de la Bastille, 80 br. in-8.
Premières Leçons du fils aîné d'un Roi.—Lettre de Gros-Jean à son curé. —La Vérité au pied du Trône.—La vie et les doléances d'un pauvre diable. —Appel à la nation.—Qu'est-ce que la Noblesse? (par l'abbé du Bignon).— Qu'est-ce que le Tiers-Etat ? (par l'abbé Sieyes).—*Credo* du Tiers-Etat.— *Gloria in excelsis* du Peuple—*Pange lingua*.—Semaine sainte, ou Lamentations du Tiers-Etat.—Catéchisme du Tiers-Etat.—Congrès convoqué par l'Eternel.— Sauvez-vous, ou sauvez-nous (par Peltier).—Le Coup d'équinoxe (par le même).—Adresse aux provinces, par le même ; etc. etc.

559 Tableau hist. et polit. des travaux de l'Assemblée constituante, depuis l'ouverture des Etats Généraux jusqu'au 6 octobre 1789 ; par De Rivarol ainé. *Paris,* 1797, in-8, br.

560 Un Provincial à Paris pendant une partie de l'année 1789 (par Dampmartin). *Strasbourg,* s. d. in-12, br.

561 Procédure criminelle instruite au Châtelet de Paris, sur les faits arrivés à Versailles dans la journée du 6 octobre 1789. *Paris,* 1790, 3 tom. 1 vol. in-8, b. m.

562 Procédure criminelle instruite au Châtelet de Paris, sur les faits arrivés à Versailles dans la journée du 6 octobre 1789. *Paris,* 1790, 3 tom. 2 vol. in-8, b. j.
On a joint au 2e volume les discours de Mirabeau et de l'abbé Maury.

563 Mélanges sur les journées des 5 et 6 octobre 1789, 12 p. en 5 vol. in-8, br.
Procédure du Châtelet, 2 vol.—Opinions et Discours de Chabroud, Henry, Guilhermy, de Bonnay, Mirabeau, Maury, Mounier, etc.—Les Forfaits du 6 octobre, 2 vol.

564 Mélanges sur l'affaire des 5 et 6 octobre 1789 à Versailles : 16 pièces in-8.
Procédure du Châtelet.—Rapport de Chabroud.—Discours de Mirabeau, de l'abbé Maury.—Exposé de la conduite, et Consultation pour M. Louis-Philippe Joseph d'Orléans.—*Domine salvum fac regem* (par Peltier).—Les forfaits du 6 octobre (tome 2) ; etc.

565 Almanach des Métamorphoses nationales pour l'année 1790, in-18, br.

566 Liste des Noms des ci-devant Nobles, Nobles de race,

Robins, Financiers, Intrigans..... avec des notes sur leurs familles. *Paris*, 1790, in-8 (32 n^{os}) complet.

567 Journal politique-national des Etats Généraux et de la Révolution de 1789; par l'abbé Sabatier. 1790, 2 tom. 1 vol. in-8, d.-r.

568 L'Avocat du Peuple, par Laboureau (1er janvier au 6 mars 1790). In-8, d.-r.

569 Mémoires du Peuple au Peuple, ou Rapport de huit des Comités de l'Assemblée nationale. *Paris*, 1790, in-4, fig. br. — De l'Instruction publique, Rapport fait par M. de Talleyrand-Périgord. *Paris, Impr. nat.* 1791, in-4, br.

570 Vues sur la Révolution actuelle, ou Considérations sur les Anciens et les Modernes. *Paris, Momoro*, 1790, in-8, b. j.

571 Extrait d'un Dictionnaire inutile, composé par une Société en commandite, et rédigé par un homme seul (Gallais). *A 500 lieues de l'Assemblée nationale (Paris)* 1790, in-8, b. j.

572 Dictionnaire national et anecdotique, dédié aux représentans de la commune de Ris, par M. de l'Epithète (par Chantreau). *Politicopolis*, 1790, in-8, br.

573 Mélanges publiés en 1790 et ann. suiv. sur Necker et Lafayette. 6 br. in-8, fig.

574 Lettres de Mirabeau à ses Commettans, du 2 mai 1789 au 5 février 1790 : 5 vol. in-8, b. m.

575 Opuscules du vicomte de Mirabeau, et Pièces à lui relatives. *Paris*, 1789-90, 12 part. 1 vol. in-8, d.-r.

576 Vie privée et politique du Roi Isaac Chapellier, premier du nom, et chef des Rois de France de la quatrième Race, en 1789. *Rennes*, 1790, in-8, br.

577 Etrennes à la Noblesse, ou Précis historique sur l'Origine des ci-devant Ducs..... (par Dulaure). *Paris*, 1793, in-8, fig. br.

578 Opinions de divers membres de l'Assemblée constituante sur la Responsabilité des Ministres. 4 br. in-8.

579 Recueil de Pièces publiées par l'Evêque de Blois, Alexandre Amédée, 8 part. en 1 vol. in-8, d.-r.

Instruction et Cahier du hameau de Madon, 1789. — L'Hermite de la forêt de Madon, ou Réflexions impartiales sur les Ordres religieux, *ib.* — Lettres aux Electeurs de Loir et-Cher, 1791. — Lettres de l'Evêque de Blois, *ib.* — Lettre pastorale, *ib.*

580 Mélange de pièces sur le Clergé, les Biens ecclésiastiques, etc. 1789-1791 : 27 br. in-8.

581 Mélanges sur la Constitution civile du clergé, 1790-
1795, 20 br. in-8.

582 Discours de l'abbé Maury, sur divers sujets de politique et de religion. *Paris*, 1790 *et années suiv.* 6 part.
1 vol. in-8, portr. d.-r.

583 Préservatif contre le schisme, ou Questions relatives
au décret du 27 novembre 1790 (par Lorrière). *Paris*,
1791, 2 tom. 1 vol. in-8, d.-r.

584 Mélanges sur le Culte, 3 vol. in-8, br.

Dénonciation aux Français catholiques, des moyens employés par
l'Assemblée nationale pour détruire en France la Religion catholique,
par Audainel, 1791.— Réflexions sur le culte, sur les cérémonies civiles,
et sur les fêtes nationales, par Reveillère-Lépeaux, 1790. — Du culte
public, et de l'excellence du culte catholique en particulier (par l'abbé
Jauffret), 1802.

585 Mélanges de pièces relatives aux affaires ecclésiastiques, et particulièrement au Concordat (1802-1820) :
22 br. in-8.

Concordat.—Réclamations des Evêques.—Pièces diverses, par MM. de
Franclieu, Pithou, Clausel de Montals, Grégoire, Emeric, Baillot, de Gas-
tine, La Mennais, Barande de Briges, Boyer, Maurice de Broglie, etc. etc.

586 Réflexions sur la Révolution de France, trad. de l'ang.
d'Edmund-Burke. *Paris*, 1790, in-8, br.

587 Correspondance d'un habitant de Paris avec ses amis
de Suisse et d'Angleterre, sur les évènemens de 1789,
90 et 91 (par le comte d'Escherny). *Paris*, 1791, in-8, br.

588 Mélanges. 1790-91, 6 part. 1 vol. in-8, d.-r.

Les grands hommes du jour, 3 part. — Vie du comte de Mirabeau. —
Vie de Bailly.—Vie privée et politique du roi Isaac Chapelier, premier du
nom, et chef des rois de France de la 4e race, en 1789, Louis XVI étant
roi des François.

589 Etrennes aux Parisiens patriotes, ou Almanach militaire national de Paris (pour l'année 1790) par Bretelle
et Alletz. *Paris*, 1790, in-12, br. (avec portr. de Lafayette)

590 Procès-verbal de la séance permanente de l'Assemblée
nationale, ouverte le 21 et levée le 26 juin 1791 (Fuite
de Louis XVI). In-8, v. j.

591 Mélanges sur la Révolution, 5 vol. in-12, et in-18, br.

Almanachs historiques, par Rabaut ; — du Père Gérard. — Elémens et
Manuel du jeune Républicain.—L'Oracle républicain.

592 Mélanges sur la Révolution, 7 br. in-18 et in-24.

Constitutions de 1791 et de la République.—Constit. en vaudevilles, etc.

593 Mélanges sur la Révolution, 6 vol. in-12 et in-18.

Etrennes aux amis de la Constitution, par Collot, 1792. — Manuel des jeunes Républicains, 1793.—Mémoires de Dumouriez.—Précis hist. de la révolution, par Lacretelle. — Répertoire de la Révolution. — Mémoires anecdotiques, etc.

594 De l'autorité de Rabelais dans la Révolution présente, et dans la Constitution civile du Clergé, ou Institutions royales, politiques et ecclésiastiques tirées de Gargantua et de Pantagruel (par Ginguené). *Paris*, 1791, in-8, br.

595 Les droits du Peuple sur l'Assemblée nationale ; par La Vicomterie. *Paris*, 1791, in-8, br.

596 Les Crimes des Rois et des Reines de France, par La Vicomterie. *Paris*, 1791, 2 vol. in-8, fig. br.

597 La Monarchie vengée des attentats des Républicains modernes, ou Réfutation de l'Ouvrage de M. de La Vicomterie ; intitulé : Les Crimes des Rois de France, par M. C***. *Paris*, 1791, in-8, br.

598 Les Crimes des Papes, par La Vicomterie. *Paris*, 1792, in-8, fig. b. m.

599 Les Crimes des Empereurs d'Allemagne (par La Vicomterie). *Paris*, 1793, in-8, fig. br.

600 Les Crimes constitutionnels de France, ou la Désolation française. *Paris*, 1792, in-8, fig. br.

601 Histoire générale et impartiale des erreurs, des fautes et des crimes commis pendant la Révolution française ; par Prudhomme. *Paris*, 1797, 6 vol. in-8, fig. d.-r.

602 Le vieux Cordelier, par Camille Desmoulins. In-8, nos 1 à 7 (complet).

603 Journal du Département de Maine-et-Loire, par les Amis de la Constitution d'Angers. *Angers*, 1791, in-8, bas.

604 La Constitution française. *Paris, Didot*, 1791, gr. in-8, pap. vél. cart. à la *Bradel*. — Analyse, Dictionnaire et Texte de la Constitution française, précédés d'une introduction. *Paris, Didot*, 1792, gr. in-8, br.

605 Collection des Drapeaux de la Garde nationale de Paris en 1789 : gr. in-4, bas. (30 pl. color.)

606 Confédération nationale, ou récit exact de tout ce qui s'est passé à Paris, le 14 juillet 1790. *Paris*, 1793, in-8, fig. br.

607 Inventaire des Diamants de la Couronne, fait en conformité des Décrets de l'Assemblée nationale-consti-

tuante, par ses Commissaires Bion, Christin et Delattre. *Paris*, 1791, 2 vol. in-8, br.

608 Recueil de pièces officielles publiées en vertu de la loi du 14 mai 1793. 14 p. 1 vol in-4, d.-r. (*très rare*).

Etat des Elèves existans dans les Ecoles militaires de la République. — 2e, 3e, 4e, 5e, 6e, 7e Régimens d'Artillerie, 1793. — Services des Officiers d'Artillerie. — Compagnies d'Ouvriers. —Mineurs. — Officiers employés dans les manufactures d'Armes.—Officiers généraux qui ont envoyé l'état de leurs services.—Liste de ceux qui n'ont pas envoyé l'état de leurs services. — Adjudans généraux. — Adjudans de place. — Capitaines en résidence.

609 Le Livre rouge. *Paris*, 1790, in-8. — Premier, second et troisième Registres des Dépenses secrètes de la Cour, connus sous le nom de Livre rouge. *Paris*, 1793, 3 part. 1 vol. in-3, br.

610 Mélanges sur le Livre rouge, 18 part. in-8.

Livre rouge, additions, et coup-d'œil sévère mais juste, 3 p. — Livre rouge, 1re classe (*impr. en rouge*). — 1er, 2e et 3e Registres des Dépenses secrètes de la Cour, connus sous le nom de *Livre rouge*, 3 part.—Réponse au Supplément historique et essentiel à l'état nominatif des Pensions sur le Trésor royal, etc.

611 Mélanges sur divers sujets de politique, publiés à Paris en 1790, 1791 et 1792. 92 pièces in-8.

612 Dictionnaire de la Constitution et du Gouvernement français (par Gautier). *Paris*, 1792, in-8, v. m.

613 Histoire de la Révolution du 10 août 1792; par Peltier. *Londres (Paris)* 1795, 2 vol. in-8, v. m. all.

614 Journal durant un séjour en France en 1792; trad. de l'angl. de John Moore, par De la Grange (de S. Domingue). *Philadelphie*, 1794, 2 vol. in-8, b.

615 Histoire particulière des évènements qui ont eu lieu en France, en juin, juillet, août et septembre 1792; par Mathon-de-la-Varenne. *Paris*, 1806, in-8, br.

616 Le véritable portrait de nos législateurs (par Dubois de Crancé). *Paris*, 1794, in-8, br.

617 Lettres choisies de Charles Villette, sur les principaux évènemens de la Révolution. *Paris*, 1792, in-8, br.

618 Recherches sur les causes qui ont empêché les Français de devenir libres; par Mounier. *Paris*, 1792, 2 vol. in-8, br.

619 Tableau général du maximum de la République française. *Paris*, 1793, 2 vol. in-8, br.

620 Les Actes des Apôtres, par Peltier et autres, in-8,

tomes 1, 3, 4, 5, 6, 8, 10; plus un grand nombre de n°° séparés, et quelques n°° du journal à deux liards, des sabats jacobites, etc.

621 Appel à l'impartiale postérité, par la citoyenne Roland. *Paris*, 1793, 3 part. 1 vol. in-8, b. rac.

622 Almanach indicatif des rues de Paris, suivant leurs nouvelles dénominations. *Paris*, an III (1794) in-18, br. avec plan colorié.

623 Tableau des Prisons de Paris sous le règne de Robespierre. *Leipsick*, 1795, 4 vol. in-18, br. (*non coupés*).

624 Tableau des Prisons de Lyon en 1793; par Delandine. *Lyon*, 1797, in-12, fig. br.

625 Mélanges sur les Prisons de Paris et des Départemens, pendant le règne de la Terreur (1793) 29 br. in-8.

* La Vérité tout entière sur les vrais acteurs de la journée du 2 septembre 1792. — * Crimes de Joseph Lebon, à Arras. — Mémoires d'un détenu. — * Relation du voyage de 132 Nantais envoyés à Paris par le Comité révolutionnaire. — Liste des contre-révolutionnaires et révoltés de la ville de Lyon, condamnés à être fusillés et guillotinés. — * Quelques Notices sur l'histoire de mes périls, par Louvet. — Du Tribunal révolutionnaire, par Sirey. — * Mon Agonie de 38 heures. — Histoire du Terrorisme dans le département de la Vienne, par Thibaudeau. — Crimes de l'ex-tribunal de Brest. — Histoire du Terrorisme exercé à Troyes, par Alexandre Rousselin. — L'Agonie de S. Lazare, par Dusaulchoy, etc. etc.

(*Les Pièces précédées d'une* (*) *sont doubles.*)

626 Mélanges sur la Révolution, 9 vol. in-18, br.

Tableau des Prisons de Paris, 3 vol. — Prisons d'Arras. — Nuits de la Conciergerie. — Crimes de Marat. — Réponse au Manifeste de Louis XVIII.

627 Mélanges sur la Révolution, 5 vol. in-12, fig.

Journal de Cléry. — Petite Biographie conventionnelle (par Baptestin de Moulière). — Abrégé des Mémoires pour servir à l'Histoire du Jacobinisme, par l'abbé Barruel. — Opuscules (en vers) contre les excès de la Révolution de France.

628 Mélanges sur la Révolution, 5 vol. in-18, br.

Le Livre rouge : tableau des juges de Louis XVI. — Tableau des Prisons. — Crimes de Marat.

629 Mélanges sur la Révolution, 12 vol. in-18, br.

Époques mémorables de la Révolution. — Journal du Temple, par Cléry. — Voyage à Bruxelles et à Coblentz. — Vie de Marie-Antoinette; — de Madame Élizabeth; — du duc d'Angoulême, etc.

630 Mélanges révolutionnaires, 3 pièces in-8, br.

L'Orateur du genre humain, ou Dépêche du prussien Cloots au prussien Hertzberg, 1791. — Bases constitutionnelles de la République du genre humain, par Anach. Cloots, 1793. — La République universelle, ou Adresse aux Tyrannicides, par le même, 1795.

631 La Jacobinéide, poëme héroï-comi-civique (par Marchant). *Paris*, 1792, in-8, fig. br.

632 Mémoires du comte de C***. (1793 , Siége de Lyon,
Vendée , Chouans). *Hambourg*, 1801 ; in-8, br.

633 Mélanges, 3 vol. in-18 , br.

La République eu vaudevilles, 1793.—Constitution des Amours, 1793.
Almanach des gens de bien, 1797.

634 Mélange de poésies politiques et satyriques ; 27 pièces
in-8, br.

Odes républicaines, par Lebrun, Félix Nogaret, Delrieu, etc. — Épître
aux Français républicains. — La France républicaine , par Fr. Pagès. —
Saint-Roch et Saint-Thomas, nouvelles. — Les crimes de Paris, poème. —
La Prise des Annonciades.— Nouvel *O filii* des Etats-généraux.— Les Miracles, conte dévot. — Le Factionnaire. — Poésies. Les quatre Satires, ou
la fin du xviiie siècle, par Despaze, etc. etc.

635 Mélange de Pièces , Opinions, Discours et Rapports
sur divers sujets de politique , publiés en 1793 , par
Amar Louvet , Pétion , Saint - Just , Billaud - Va-
renne, etc., etc. , 48 br. in-8.

636 Mélange de Discours prononcés au District des Cordeliers , aux Jacobins , et pièces diverses, par Marat (4),
Peyssonnel , Collot - d'Herbois , Carra , Billaud - Va-
renne, etc. 11 p. in-8, br.

637 Louis XVI détrôné avant d'être Roi.... par l'abbé
Proyart. *Londres*, 1800, in-8, br.

638 Mélanges historiques sur Louis XVI. *Paris*, 1790
et ann. suiv. 15 p. in-8, br.

Journal du Temple, par Cléry. —Quelques souvenirs, ou notes fidèles
sur mon service au Temple, par M. L****** (Lepître).—Les illustres victimes vengées des injustices de leurs contemporains.—Captivité de Saint-
Louis II, et son martyre.—Résurrection de Louis XVI, roi des Juifs et des
Français. — Les douleurs de Louis XVI. — Attentats et Crimes de Louis,
dernier roi des Français; par Rob. Lindet;—etc. etc.

639 Mémoire justificatif pour Louis XVI ci-devant roi des
Français, par A. J. D. G. (A. Jeudy Dugour). *Paris*,
1793, in-8, br.

640 Procès de Louis XVI. *Paris*, 1795, 9 vol. in-8, br.

641 Mélange de Pièces sur Louis XVI, 14 part. 1 vol.
in-8, br.

Histoire du Procès de Louis XVI, par Cordier, portr. 1793.—Lettre de
la Nation française à nosseigneurs de la Cabale, et Avis au Roi. — Le Rêve
des Aristocrates au Diable. — La Perfidie de Louis XVI dévoilée par lui-
même.—Désespoir de Louis XVI et du Comité autrichien.—Un petit mot
d'avis au Défenseur de Capet, etc. etc.

642 Mémoires historiques et politiques du règne de
Louis XVI; par Soulavie. *Paris*, 1801, 6 vol. in-8,
portr. br. — Les illustres victimes vengées des injus-

tices de leurs contemporains, et Réfutation des para-
doxes de Soulavie. *Paris*, 1802, in-8, br.

643 Mélanges historiques et critiques sur la Reine Marie-
Antoinette. 6 vol. in-8, portr. br.

644 Correspondance politique et confidentielle inédite de
Louis XVI avec ses frères. *Paris*, 1803, 2 vol. in-8, br.

645 Mélanges sur Louis XVIII, 3 br. in-8.

Vie secrète et politique de Louis-Stan.-Xav. Monsieur, frère de
Louis XVI. *Brunoy*, 1790. — Relation d'un voyage à Bruxelles et à Coblentz, 1791.—La Vérité! 20 et 30 germinal an VI.

646 Annuaire du Républicain, ou Légende physico-écono-
mique, avec l'explication des 372 noms imposés aux
mois et aux jours.... par Eleutérophile Millin. *Paris*,
1793, in-12, v. j.

647 Gazette des nouveaux Tribunaux, du 1er janvier 1791
au 30 juillet 1794. 12 vol. in-8, br.

648 Bulletin du Tribunal criminel (révolutionnaire) par
Clément : 1re partie, 6 avril au 9 sept. 1793, avec liste
des Jurés et table (100 nos). — 2e partie, 10 sept. au
3 frimaire an 2 ; avec titre et table (100 nos). — 4e partie, 1er germ. au 2 prair. an 2; avec titre (100 nos). —
6e partie, 29 therm. an 2 au 2 frim. an 3.—Ensemble,
4 vol. in-4, br.

Les parties qui manquent sont :
3e; an II : 11 numéros, les seuls publiés.
5e; an II : 2 numéros, les seuls publiés.
8e; an III : 21 numéros, les seuls publiés.

649 Recueil de 756 jugemens et ordonnances du Tribunal
révolutionnaire de Paris, depuis le mois de mars 1793
jusques et compris le 27 juillet 1794 (10 thermidor :
Jugement de Robespierre, de ses complices, des membres de la commune, etc.) *Impr. du Trib. révol.* in-4.

650 Liste générale et très exacte de tous les conspirateurs
qui ont été condamnés à mort par le tribunal révolutionnaire. *Paris*, 1793, in-8, d.-r. (9 nos) et suppl.)

On y a ajouté la *Liste de tous les Conspirateurs qui ont été condamnés
à être guillotinés, fusillés et foudroyés à la bouche du canon...... dans la
Ville-Affranchie, ci-devant Lyon, à Ville-sans-Nom, ci-devant Marseille; Bordeaux, Feurs-aux-Sables,* etc.

651 La même Liste générale et très exacte des noms, âges,
qualités et demeures de tous les conspirateurs qui ont
été condamnés à mort par le Tribunal révolutionnaire.
Paris, 1793, 11 nos (complet).

652 Compte rendu aux Sans-culottes de la République

française, par très-haute, très-puissante et très-expéditive Dame guillotine , Dame du Carrouzel, de la place de la Révolution, de la Grève , et autres lieux.... Rédigé et présenté aux amis de ses prouesses , par le cit. Tisset. *Paris*, 1793, in-8, fig. br.

653 Liste générale des individus condamnés par jugemens, ou mis hors la loi par décrets, et dont les biens ont été déclarés confisqués au profit de la République. *Paris, Imp. des Domaines nationaux*, 1793 et 1794, 7 parties ou num. en 2 vol, in-8 , cart. (*très rare*).

654 Rapport fait au nom de la Commission chargée de l'examen des papiers trouvés chez Robespierre et ses complices, par Courtois. *Paris*, 1794, in-8, br. — Histoire de la Conjuration de Robespierre (par Mont-joye). *Paris*, 1796, in-8, portr.

655 Mélanges sur Robespierre , 2 vol. et 14 br. in-8.

Discours sur divers sujets, prononcés par Robespierre à la Tribune de la Convention et à celle des Jacobins, 13 p. — Histoire de la Conjuration de Robespierre (par Montjoye).—Rapport au nom de la Commission chargée de l'examen des papiers trouvés chez Robespierre et ses complices;—etc.

656 Mélanges sur le Régime de la Terreur, 12 p. in-8, br.

La Vérité sur les vrais acteurs du 2 Septembre 1792.—Mémoires d'un détenu. — Mon agonie. — Rapports de Courtois, de Saladin, de Lecointre, etc. etc.

657 Mémoires authentiques de Max. Robespierre. *Paris*, 1830, 2 vol. in-8, br.

658 Mélanges sur la Révolution du 9 thermidor, par Laur. Lecointre, And. Dumont, Saladin, Vilate, Saint-Just, Collot , Maure , Prieur , Carnot , Oudot , Barère , Dubois-Crancé, Antonelle, Courtois, etc. 24 p. in-8.

659 Rapport de Courtois sur les Papiers trouvés chez Robespierre et ses complices. *Paris*, 1794, in-8, br. — Histoire de la Conjuration de Robespierre (par Mont-joye). *Paris*, 1796, in-8, br.

660 La mort de Robespierre, drame en 3 actes et en vers , avec des notes (par Sérieys). *Paris*, 1801, in-8, port. br.

661 Mélange d'Almanachs politiques , 12 vol. in-18, br.

Almanach des Prisons, des gens de bien, des bizarreries humaines, des honnêtes gens; des Théophilantropes, des Aristocrates, etc. (Plusieurs Ouvrages sont doubles.)

662 Mélanges sur la Révolution. 12 vol. in-18, br.

Aventures politiques du Père Nicaise, 1793. — Procès des Bourbons. — Vie de Marie-Antoinette.—Crimes de Robespierre et de Marat.—Étrennes aux Jacobins, etc. etc.

663 Du gouvernement, des mœurs et des conditions en France avant la Révolution, avec le caractère des principaux personnages du règne de Louis XVI (par Sénac de Meilhan). *Londres*, 1795, in-8, v. rac.

664 Mélanges historiques. 3 vol. in-8, fig.

Journal du Temple, par Cléry. *Londres*, 1798. —Les illustres victimes vengées des injustices de leurs contemporains (par de Montigny). *Paris*, 1802.—Louis XVI à Louis XVIII. *Paris*, 1814.

665 Histoire du Siège de Lyon (par l'abbé Aimé Guillon). *Paris*, 1797, 2 vol. in-8, br.

666 Testament d'un électeur de Paris, par Beffroy Reigny, dit le Cousin-Jacques. *Paris*, 1795, in-8, port. br.

667 Les chemises rouges, ou Mémoires pour servir à l'histoire du règne des Anarchistes (par Bonnemain). *Paris*, an VII, 2 vol. in-12, fig. br.

668 Mélanges de pièces publiées de 1793 à 1798, 4 part. 1 vol. in-8, d.-r.

Testament d'un Electeur de Paris ; par Beffroy-Reigny (le Cousin Jacques).—Le cri des familles.—Qu'est-ce qu'une Convention nationale? par Langloys.—Notice historique des isles de Malte et du Goze; par J.-Fr. Mimaut.

669 Mélanges sur le dix-huit fructidor an V, 20 p. in-8.

Procès-verbaux et Discours du conseil des Cinq Cents et du Directoire. —Relations diverses du général Dumas, de l'adjudant-commandant Ramel; de J.-J. Aymé; de Lemerer. — Essai sur les causes qui, depuis le 18 fructidor, devaient consolider la République en France; par Guy Chaumont-Quitry, républ. franç.— Le dix-huit fructidor, ou Anniversaire des fêtes directoriales. *Hambourg*, 1798, fig.—Dix-Huit fructidor, ses causes et ses effets (par Gallois). *Hambourg*, 1798, 2 vol. etc.

670 Evénemens qui se sont passés sous mes yeux pendant la Révolution française; par Damp-Martin. *Berlin*, 1799, 2 vol. in-8, cart.

671 Mélange de pièces sur les Colonies. 20 vol. in-8.

Disette du numéraire à Saint-Domingue, par François de Neufchâteau. *Metz*, 1788. — Historique des événemens qui se sont passés à la Basse-Terre. *Guadeloupe*, 1791.— Révolution de la Martinique, *ib.*—Dénonciation du ministre de la Luzerne, par le comte de Gouy, 1790. — Révolutions de Saint-Domingue.—Causes des Désastres de Saint-Domingue; par Raimond, 1793.—Rapport de Marec sur Saint-Domingue. 1797.—Rapport de Garan, 1797, 4 vol. — Précis historique de l'Expédition de Saint-Domingue, par Laujon.—Pièces diverses, par Abeille, Grouvel, Mazères, etc.

672 Journal d'un Déporté non jugé, ou Déportation en violation des lois, décrétée le 4 septembre 1797. *Paris*, 1835, 2 vol. in-8, br.

673 L'Espion de la Révolution française, par M. C***, (Crommelin). *Paris*, 1797, 2 vol. in-8, br.

674 Histoire secrète de l'Espionage pendant la Révolution, et des causes qui ont opéré la Révolution française. *Francfort*, 1799, 2 vol. in-8, br.

Même Ouvrage que le précédent; le titre et les deux premières pages seulement ont été réimprimés.

675 Le dix-huit brumaire (par Lombard de Langres). — Résultats possibles de la journée du 18 brumaire, par Fonvielle ainé. *Paris*, 1800, 2 vol. in-8, br.

676 Le Château des Tuileries, ou Récit de ce qui s'est passé dans l'intérieur de ce Palais, depuis sa construction jusqu'au 18 brumaire an VIII; par P. J. A. R. D. E. (Pierre-Joseph-Alexis-Roussel, d'Epinal). *Paris*, 1802, 2 vol. in-8, fig. br.

677 Correspondance secrète de plusieurs grands personnages illustres, à la fin du XVIIIᵉ siècle. *Paris*, 1802, in-8, br.

678 Mémoires historiques et diplomatiques de Barthélemy. *Paris*, 1800, in-8, portr. br.

679 Essais sur l'Histoire de la Révolution française, par une société d'auteurs latins (par M. Héron de Villefosse). *Paris*, 1800, in.8, br.

680 Tableau hist. et polit. des pertes que la Révolution et la Guerre ont causées au peuple français, par sir Francis D'Ivernois. *Londres*, 1799, 2 tom. 1 vol. in-8, b. rac.

681 Précis et Tableau chronologique des événemens et de la législation de la Révolution, par Heulhard-Montigny. *Paris*, 1803, in-8, br.

682 Les cinq Promesses. — Tableau de la conduite du Gouvernement consulaire envers la France, l'Angleterre, l'Italie, l'Allemagne, et surtout envers la Suisse, par sir Francis D'Ivernois. *Londres*, 1803, in-8, cart.

683 Histoire du Consulat de Bonaparte, par S. M. Y. (par M Pagès). *Paris*, 1803, 3 vol. in-8, br.

684 Influence du Gouvernement anglais sur la Révolution de France, par Portiez (de l'Oise). *Paris*, 1804, in-8, b. rac.

685 Alliance des Jacobins de France avec le Ministère anglais, etc. *Paris*, *Imp. de la Rép.* 1804, in-8, pap. vél. br.

✗ 686 Recueil de pièces politiques publiées de 13 à 1806. 6 part. 1 vol. in-8, d.-r.

Alliance des Jacobins de France avec le ministère anglais. — Vues de la

Politique anglaise dans toutes les parties du Monde, par François de Neuf-château. — Situation de l'Egypte au 1er vendémiaire an xiii (1805). — Réflexions sur la politique de l'Angleterre à l'égard du Continent. — Réflexions sur le même sujet, par T***, chef de brigade du Génie. — Essai sur les causes qui, en 1649, amenèrent en Angleterre l'établissement de la République; par Boulay (de la Meurthe).

687 Actes des Philosophes et des Républicains, recueillis et remis en évidence, par le ci-devant comte de Barruel-Beauvert. *Paris*, 1807, in-8, br.

688 Nouveau Dictionnaire pour servir à l'intelligence des termes mis en vogue par la Révolution, par M. B***. *Paris*, 1821, in-8, br.

689 Mémoires de l'abbé Georgel. *Paris*, 1817, 4 vol. in-8, br.

690 Souvenirs de la Révolution française, par Héléna-Maria-Williams; trad. de l'angl. *Paris*, 1827, in-8, br.

691 Mélange de Poésies, par Cuvelier, Nic. Bonneville, Cunyngham, Lezay-Marnezia, Rouget de Lille, Tarenne, Alex. de Tilly. 9 vol. in-8, br.

692 Proscription de Moreau, par Breton de la Martinière. — Moreau et sa dernière campagne, Esquisse historique. *Paris*, 1814, 2 vol. in-8, br.

693 Mélange de pièces (12) politiques, 2 vol. in-8, d.-r. fig. et fac-simile.

Interrogatoire de Moreau, 1804. — Eloge funèbre des généraux Desaix et Kléber, par Garat. — Exposé de la conduite du lieutenant-général Clausel, depuis le rétablissement des Bourbons, 1816. — Mémoire au Roi, par Carnot, 1815. — Examen des calomnies sur de Caulincourt. — Conduite polit. de Carnot, depuis 1814. — Mémoire du maréchal Masséna, 1816. — Réponse des Marseillais au mémoire précédent. — Siége de Dantzick, rédigé par le général Kirgener, 1807. — Mémoire du lieutenant-général de Goguelat sur le voyage de Louis XVI à Varennes, etc.

694 Extraits de quelques écrits de l'auteur des Mémoires pour servir à l'Histoire de la Persécution française. 1814, 2 vol. in-8 br.

695 Mélanges sur les Emigrés, 4 vol. in-8.

Des Emigrés, par Leuliette. — Récit de ce qui s'est passé à l'armée de Condé. — Campagne du duc de Brunswick. — Souvenirs de l'Emigration, par de Marcillac.

696 Etat général de la Légion d'honneur, depuis son origine. *Paris*, 1814, 2 vol. in-8, fig. br.

697 Le Moniteur secret, ou Tableau de la Cour de Napoléon (par Couchery). *Paris*, 1814, 2 vol. in-8, br.

698 Histoire secrète du Cabinet de Napoléon Buonaparte et de la Cour de Saint-Cloud, par Goldsmith. *Paris*, 1814, 2 vol. in-8, fig. br.

699 Mélanges sur la Guerre de la Vendée, par MM. D'Au-
tichamp, le général Turreau, et De Bourniseaux. *Paris*,
1815, 1817 et 1819, 5 vol. in-8, br.

700 Mélanges politiques et militaires, publiés en 1814 et
1815. 10 vol. in-8, br.

Guerre de la Restauration, par Sarrazin. — Siéges soutenus par la ville
de Paris. — Mémoires de Carnot, Davoust, Fouché, etc. — Campagne de
1814, par Giraud.—Bataille de Waterloo, par Berton et Sarrazin.

701 Mélanges sur Napoléon et la Restauration, 7 vol.
in-12, et 2 vol. in-18, fig.

Relation de ce qui s'est passé au Luxembourg en 1792, lors du départ
de Monsieur (Louis XVIII). — Pièces publiées à Londres en 1813.—Campagne de 1814. — Crimes et attentats commis à Nismes en avril 1815. —
Description de l'isle de Sainte-Hélène. — L'Ogre de Corse, par Rouge-
maître.—La Macédoine libérale,—Dictionnaire des Ultra; etc.

702 Histoire de la Guerre de la Restauration (1813-1816),
par Sarrazin. *Paris*, 1816, in-8, portr. br.

703 Mélanges politiques et militaires publiés en 1814 : 20
pièces in-8, br.

Guerre de la Restauration, par Sarrazin. — Siéges soutenus par la ville
de Paris.—Mémoires de Carnot, Davoust, Moreau, Masséna, Caulaincourt.
—Histoire de la Régence de Blois.— Campagne de Paris, par Giraud, etc.

704 Mélanges politiques et militaires publiés en 1814 et
1815. 8 vol. in-8, br.

Guerre de la Restauration, par Sarrazin.— Mémoires de Carnot.—Campagne de Paris en 1814.—Batailles de Waterloo et de Mont-Saint-Jean.

705 Histoire des Sociétés secrètes de l'armée, et des conspirations militaires qui ont eu pour objet la destruction
du gouvernement de Bonaparte (par M. Ch. Nodier).
Paris, 1815, in-8, br.

706 Mélanges politiques et militaires publiés en 1815.
31 pièces en 21 vol. in-8, br.

Révolution du 20 mars, par Gallais; — par Hél.-Maria Williams. —
Journal de Gand.—Lettres sur les cent jours.—Batailles de Mont-Saint-
Jean et de Waterloo, par Sarrazin, Grouchy, Tardieu, etc.— Mémoires de
Ney, Fouché, Lanjuinais, Lavallette, Cambrone, Masséna, etc.

707 Mélange de pièces publiées de 1815 à 1820, sur les
troubles de Lyon, Grenoble, Avignon, Marseille, Nî-
mes, etc. 19 vol. et br. in-8.

708 Correspondance entre un Anglais et un Français, par
Ricord aîné. *Paris*, 1820, in-8, br.

709 Mélanges historiques (1806-1821). 5 vol. in-8, br.

Catastrophe de Murat, par M. de Beauchamp. — Motifs qui ont engagé
Ferdinand VII à se rendre à Bayonne.—Révolution de l'Amérique du Sud.
—Expédition de Riégo. — Evénemens politiques et militaires qui ont eu
lieu à Naples en 1820 et 1821; par le général Pépé.

710 Mélanges politiques et historiques. *Paris*, 1821-25, 5 vol. in-8, br. fig.

Les trente jours de la Révolution piémontaise en 1821. — Catastrophe du Duc d'Enghien; par le duc de Rovigo. — Examen impartial des calomnies répandues sur M. de Caulaincourt, à l'occasion de la catastrophe du duc d'Enghien. — Catastrophe de Joach. Murat. — Mémoire du duc de Rovigo sur la mort de Pichegru, du capitaine Wright, de M. Bathurst, etc.

711 Mémoires de Dumouriez, et pièces diverses qui lui sont relatives. 5 part. in-8, br.

712 Mémoires des généraux Dumouriez et Miranda, et pièces y relatives. 6 br. in-8.

713 Mélange de pièces, Mémoires et Opinions pour et contre les généraux Dumouriez, Montesquiou, Wimpfen, Miranda, Menou et Valence. 35 br. in-8.

714 Du rétablissement du royaume d'Italie sous l'Empereur Napoléon; par M. de Montgaillard. *Paris*, 1807, in-8, br.

715 Mélanges sur la Campagne des Français en Égypte. *Paris, Didot*, 1798-1801, 7 vol. in-8, br.

Relation des campagnes du général Bonaparte en Égypte et en Syrie; par Berthier, 1 vol. — Pièces diverses relatives aux opérations militaires et politiques du même, 2 vol. — Mémoires sur l'Égypte, 4 vol.

716 Campagnes de la Grande Armée et de l'Armée d'Italie en 1805; Campagne de Moscou en 1812. 2 vol. in-8, br.

717 Bataille de Preussisch-Eylau, gagnée par la Grande-Armée, commandée en personne par Napoléon, sur les armées combinées de Prusse et de Russie. *Paris (Imp. imp.)* 1807, in-fol. pap. vél. cart.

718 Mélanges sur Napoléon. 14 vol. in-8, rel. et br.

Campagne d'Italie. — Eloges divers. — Conjuration de Mallet. — La nouvelle Jérusalem délivrée, ou le second pied au cul de Madrid, par Wellington au roi Joseph. — Déchéance de Napoléon, par Rodriguez. — Bonaparte à Sainte-Hélène. — Congrès de Châtillon. — Chagrins domestiques de Napoléon à Sainte-Hélène. — Maximes et Pensées du Prisonnier de Sainte-Hélène. — Les Adieux à Bonaparte. — Oraison funèbre de Buonaparte, etc.

719 Relations de diverses Campagnes des Français en Italie, en 1805, en Espagne et en Russie, en 1812, etc. 5 vol. in-8, br.

720 Relations de diverses Campagnes des Français, de 1790 à 1830, en Italie, en Allemagne, en Égypte, en Espagne, en Portugal, en Russie et en Afrique (Alger), 36 vol. et br. in-8.

721 Victoires et Conquêtes des Français. *Paris, Panckoucke*, 1830, 34 vol. in-8, portr. fig. et *fac-simile*, br.

Les tomes 25 et 33 sont tachés d'humidité.

722 Histoire des Descentes en Angleterre (par Millon). — Notice historique des Descentes qui ont été faites dans les Isles britanniques (par M. de Girardin). *Paris*, 1798, 1 vol. in-8, et 1 vol. in-4, avec cart.

723 Mélanges de Politique, par MM. Cauchois-Lemaire, Fiévée, Thiers, etc. *Paris*, 1830, 5 vol. in-8, br.

VIII. *Histoire des Provinces et Villes de France.*

724 Inscriptions françaises et latines proposées pour divers Monumens de Paris et de l'Empire français; par Dubos. *Paris*, 1810, gr. in-4, pap. vél. cart. à la *Bradel*, pap. r. mar. dent.

725 Coustumes du Pays et Duché d'Anjou, avec le commentaire de Gabr. Dupineau, les notes de Dumoulin, et celles de Pocquet de Livonnière. *Paris*, 1725, 2 vol. in-fol. portr. v. j.

726 Coutumes locales, tant anciennes que nouvelles de la loy, banlieue et échevinage de la ville et de la cité d'Arras; de Bapaume, de l'Allœu et de Lens. *Paris*, 1746, in-4, v. m.

727 Coutumes générales d'Artois, avec des notes par Adr. Maillart. *Paris*, 1704, in-4, v. f.

728 Commentaires sur la Coutume du bailliage et comté d'Auxerre, par J.-B. Née de la Rochelle. *Paris*, 1749, in-4, v. m.

729 Coutumes générales et locales du Païs et Duché de Bourbonnais, avec le commentaire de Matthieu Auroux des Pommiers. *Paris*, 1732, 2 tom. 1 vol. in-fol. v. j.

730 Coutumes du Duché de Bourgogne, avec les commentaires de Bouhier. *Dijon*, 1742, 2 vol. in-fol. v. m.

731 Mélanges sur la ville de Calais, 2 br. in-4 et in-8, fig.
Lettres sur le Siége de Calais. — Mémoire sur le Portus Icius, placé au port de Calais, et recommandable par les deux invasions de Jules César dans la Grande Bretagne; par Morel-Disque. *Calais*, 1807.

732 L'illustre Orbandale, ou l'Histoire ancienne et moderne de la ville et cité de Châlon sur Saône (par Léonard Bertaut et P. Cusset). *Lyon*, 1662, 2 vol. in-4, v. m.

733 Mémoires concernant le Comté-Pairie d'Eu; par L. Froland. *Paris*, 1729, in-4, v. j.

734 Histoire chronologique de Iovinzieux, de nos jours

Saint-Douat....., et Notice de Peyrins, par J.-Cl. Martin.
Valence, 1812, in-8, br.

735 Histoire des Loix et des Usages de la Lorraine et du
Barrois; par Thibault. *Nancy*, 1763, in-fol. v. éc.

736 Coutumes de Lorris-Montargis, et autres lieux, com-
mentées par Lhoste, avec les notes de Dumoulin et les
observations de Le Page. *Montargis*, 1758, 2 vol.
in-12, v. m.

737 Commentaire sur les Coutumes du Maine et d'Anjou,
par Olivier de Saint-Vast. *Alençon*, 1777, 4 vol.
in-8, v. m.

738 Coutumes de Mante et de Meulant, avec les notes de
Dumoulin et de Guyot. *Paris*, 1739, in-12, v. m.

739 Commentaire sur les Coutumes générales du bailliage
de Meaux; par Jean Bohé. *Paris*, 1683, in-4, v. j.

740 Coutumes générales de la ville de Metz et Pays Mes-
sin, avec un Commentaire (par Dilange). *Metz*, 1730,
in-4, v. j.

741 Principes généraux du Droit civil et coutumier de
Normandie ; par Ch. Routier. *Rouen*, 1748, in-4, b. m.

742 Coutume de Normandie, expliquée par Pesnelle, avec
les explications de Roupnel. *Rouen*, 1759, in-4, v. m.

743 Coutumes d'Orléans, avec des notes (par Pothier).
Orléans, 1760, 3 tom. 2 vol. in-12, v. m.

744 Recherches sur Paris, par Jaillot. *Paris*, 1775, 5 vol.
in-8, fig. v. m.

745 Description de Paris, de Versailles, de Marly, etc. par
Piganiol de la Force. *Paris*, 1742, 8 vol. in-12, fig. v. m.

746 Description historique des Curiosités de l'Eglise de
Paris (par Gueffier) 1763, in-12, fig. v. m.

747 Le nouveau Tableau de Paris, ou la Capitale de France
dans son vrai point de vue. *Paris, impr. de la Vérité,*
1790, in-8, br.

748 Mémoire sur la Constitution politique de la ville et
cité de Périgueux. *Paris*, 1775, 2 vol. in-4, fig.

749 Le Coutumier de Picardie, avec les commentaires de
divers auteurs. *Paris*, 1726, 2 vol. in-fol. v. m.

750 Coutumier général du Comté et Pays de Poitou, avec
les notes de Dumoulin et celles de Bouchaut. *Poitiers*,
1727, 2 vol. in-fol. v. m.

751 Terrier de la partie incendiée de la ville de Rennes.
Rennes, 1739, gr. in-4, fig. v. m.

752 Coutumes de Senlis, avec des notes, par Pihan de la
Forêt. *Paris*, 1771, in-12, v. m.

753 Coustume du bailliage de Troyes; avec le commentaire de Legrand. *Paris*, 1681, in-fol. v. m.

754 L'Esprit de la Coutume de Troyes, comparée à celle
de Paris. *Troyes*, 1765, in-8, fig. v. m.

755 Description de Versailles et de Marly, par Piganiol de
la Force. *Paris*, 1724, 2 tom. 1 vol. in-12, fig. v. f.

756 Description de la ville, du château et du parc de Versailles, par Veisse de Villiers. *Paris*, 1822, in-8, fig. br.

757 Coutumes du Bailliages de Vitry en Perthois, avec le
commentaire d'Et. Durand. *Chaalons*, 1722, in-fol. v. m.

758 Recherches des sainctes Antiquitez de la Vosge, pro-
vince de Lorraine; par Jean Ruyr. *Espinal*, 1634, in-4,
fig. parch.

759 Mémoires histor., polit. et milit. sur les principaux
évènemens arrivés en Corse, de 1738 à 1741; par Jaus-
sin. *Lausanne*, 1758, 2 vol. in-12, fig. b. m.

760 Observations sur la Corse, par le Baron de Beaumont.
Paris, 1822, in-8, br.

761 Essai de Statistique de l'isle Bourbon, par M. Thomas.
Paris, 1828, 2 vol. in-8, br.

IX. *Plans de diverses Contrées de la France.*

762 Carte géométrique d'une partie du cours du Rhône,
depuis Genève jusqu'au confluent du Guyer; par Villa-
ret, 1760. — Carte géométrique du cours du Var et de
l'Esteron, par le même. Ensemble 11 feuilles, en 4 part.

763 Plans divers, manuscrits, *4 feuilles.*
1. Profils pour servir à la construction des flancs bas à faire aux bas-
tions de l'enceinte de Marseille. — 2. Etangs des Salins de Sigean et des
environs. — 3. Grande Citerne de Calais. — 4. Canal de communication de
la haute à la basse Deuble (environs de Douay) 2ᵉ partie.

764 Plan de la ville et du château de la Bastia, dans l'isle
de Corse, et carte de ses environs.
Manuscrit très-soigné, 1 *feuille.*

765 Carte particulière des entrées du port de Saint-Malo
et autres, depuis le cap Frehel jusqu'à Cancalle.
Manuscrite.

766 Profil du fond de Maintenon, contenant 8429 toises
de long.
Plan manuscrit, collé sur toile. (3 P. 8 p. de large sur 1 P. de haut.)

767 Elévation générale de l'Aquéduc de Maintenon dans toute sa longueur et hauteur.

Pièce gravée, de 21 pieds de large sur 6 pouces de haut.

768 Plan du Château de Montcontour et de ses dépendances, — et Plan des Fiefs de Montcontour et de Ruzé, levés en 1769 par Barais.

Manuscrits de 4 P. 6 p. de large sur 3 P. 6 p. de haut, chacun.

769 Plan de diverses parties des Terroirs de Goussainville et d'Orville, levé en 1653.

Beau Manuscrit sur PEAU VÉLIN, en couleur, et revêtu des signatures Aubery, Millet, maistres des Requestes, etc. (6 P. de large sur 2 P. de h.)

770 Plan des Terres communes, Prés, Oziers qui limitent les terroirs de Goussainville et de Tillay vers 1710. A cette pièce sont joints le Tableau des baux à loyer des prés, marais et oseraies de Goussainville, de 1611 à 1787, et celui des rentes de la Roquette et de Goussainville.

Plan manuscrit. (4 P. 6 p. de large sur 1 P. 6 p. de haut.)

771 Plan des limites d'entre les terroirs de Mitry et Tremblay et du fief de la Queue.

Manuscrit (6 P. de large sur 2 P. de haut) auquel sont annexées des observations, 16 feuillets mss.

772 Plan de l'Hôtel et des Jardins de Madame la marquise D'Argenson, situé aux Champs-Elisées, avenue de Marigny ; levé en 1778 par Legrand, architecte. (10 Pieds sur 2 Pieds.)

Plan exécuté avec beaucoup de soin, et revêtu des signatures originales : Mehande Dargenson, le bailli de Breteuil, et des notaires Bonnet et Guillaume.

773 Plan de Compiègne et de ses environs.

Grande Carte manuscrite, exécutée avec beaucoup de soin, 1 feuille grand aigle.

X. *Histoire d'Italie, d'Espagne, de Suisse.*

774 Tableau politique, religieux et moral de Rome et des Etats ecclésiastiques par Maur. Lévesque. *Paris,* 1791, in-8, br.

775 Histoire de la République de Gênes (par de Mailly). *Paris,* 1742, 3 vol. in-12, v. m.

776 Histoire des Révolutions de Gênes (par de Bréquigny). *Paris,* 1750, 3 vol. in-12, v. j. fil.

777 Masaniello, ou la Révolution de Naples, trad. de l'allem. de Meissner. *Paris*, 1789, in-8, br.

778 Historia particolare delle cose passate tra'l Pontifice Paolo V e la Republica di Venetia, 1505-1507. *In Mirandola (al segno dell'anchora)* 1624, in-4, v. fil.

779 Histoire du Gouvernement de Venise, par Amelot de la Houssaie. *Paris*, 1677, in-8, v. br.

780 Mémoires historiques et politiques sur la République de Venise; par Léopold Curti. *Paris, Pougens*, 1802, in-8, br.

781 Histoire des Guerres civiles des Espagnols dans les Indes, trad. de l'esp. de Garcilasso de la Vega, par Baudoin. *Amst.* 1706, 2 vol. in-12, fig. v. br.

782 Histoire du Cardinal de Granvelle, ministre de Charles-Quint (par De Courchetet). *Paris*, 1761, in-12, v. m. fil.

783 Vie de Philippe II, roi d'Espagne, trad. de l'ital. de Grég. Leti (par de Chevrières). *Paris (Amst.)* 1734, 6 vol. in-12, portr. v. j.

784 Demostracion de la lealtad espanola. *En Madrid*, 1808, 2 vol. in-4, br.

785 Histoire des Conspirations tramées en Catalogne contre les Armées françaises (texte espagnol en regard). *Barcelone*, 1813, 2 vol. p. in-4, br.

786 Sulle cause e gli effetti della Confederacione Renana. *Italia*, 1821, 3 vol. gr. in-8, pap. vél. br.

787 Aperçus sur la Biscaye, les Asturies et la Galice. Précis de la Défense des frontières du Guipuscoa et de la Navarre, par le gén. Don Venture Caro, en 1793 et 1794. *Paris, Le Normant*, 1807, in-8, br.

788 Tableau de l'Espagne moderne, par Bourgoing. *Paris*, 1803, 2 vol. in-8, br.

789 Mémoires pour servir à l'Histoire de la Révolution d'Espagne, par Nellerto. *Paris*, 1814, 3 vol. in-8, br.

790 Précis historique des principaux événemens politiques et militaires qui ont amené la Révolution d'Espagne, par L. Jullian. *Paris*, 1821, in-8, d.-r.

791 Théorie des Cortès, trad. de l'esp. de Don Franc. Martinez Marina, par Fleury. *Paris*, 1822, 2 vol. in-8, br.

792 Tableau historique et politique des anciens gouvernemens de Zurich et de Berne (par Schulthess). *Paris, Renouard*, 1810, in-8, br.

793 Abrégé de l'Histoire et de la statistique du ci-devant évêché de Bâle, avec une carte du pays; par Ch.-Ferd. Morel. *Strasbourg*, 1813, in-8, br.

794 Cantos funebres à la temprana muerte de su mayor Reyna Dona Maria Louisa de Borbon. *En Madrid*, 1689, 10 part. en 1 vol, in-4, parch.

795 Mélange de pièces historiques et littéraires (en latin et en espagnol). *Imp. en Espagne*, dans le XVII° siècle, 23 p. 2 vol. in-4, vél.

796 Mélanges (en langue espagnole). 6 p. 1 vol. in-4, vél. fil.

Historia del misterio diuino del sanctiss. sacramento del Altar, 1561, *fig. ligu.*— Officium sacrat. Virginis Marie de Rosario, 1561.— Constituciones priorales de la prouincia de Leon, 1515.—Estatotos de la capilla de las Donzellas de Sevilla, *ib.*—Vida de sancta Anna, por Juan de Robles, 1575.

797 Mélanges historiques et littéraires (en espagnol). *Madrid*, 1600-1700, 36 p. en 3 vol. in-4, fig. vél. fil.

XI. *Histoire d'Allemagne, d'Angleterre.*

798 Mensonis Alting Descriptio, secundum Antiquos, Agri batavi et Frisii. *Amst. Wetstenius*, 1697, et 1701, 2 tom. in-fol. fig. (14) v. j.

799 Les Délices de la Hollande. *Amst. Wolfgang (au Quœrendo)* 1685, in-12, fig. v. f. fil. (anc. rel.)

800 Les mêmes. *Lahaye*, 1726, 2 vol. in-12, fig. v. br.

801 Les Délices des Pays-Bas. *Brusselle, Foppens*, 1720, 4 vol. p. in-8, fig. v. m.

802 Histoire du Stadouderat, par l'abbé Raynal. 1750, 2 tom. 1 vol. p. in-8, v. m. fil.

803 Abrégé chronologique de l'Histoire et du Droit public d'Allemagne (par Pfeffel). *Paris*, 1754, in-8, v. m. fil.

804 Les Crimes des Empereurs d'Allemagne (par Lavicomterie). *Paris*, 1795, in-8, fig. d.-r.

805 Histoire de la Guerre civile d'Allemagne sous l'Empereur Charles-Quint (par S. D'Avila). *Paris*, 1672, in-12, v. j.

806 Histoire de Jean Sobieski, roi de Pologne, par l'abbé Coyer. *Paris*, 1761, 3 vol. in-12, portr. v. m.

807 Histoire de la prétendue Révolution de Pologne, par Mehée. *Paris*, 1792, in-8, br.

808 Mémoires historiques du comte Betlem-Niklos sur les

troubles de la Transylvanie (par l'abbé Révérend et Le Coq de Villeray). *Amst.* 1736, 2 tom. 1 vol. in-12, v. j. fil. *arm.*

809 Incerti scriptoris sueci Chronicon rerum suecogothicarum ab. a. 1160-1320 gestarum. *Upsaliæ*, 1705, in-8, br.

810 Estat de l'Empire de Russie, et grand Duché de Moscovie, par le cap. Margeret. *Paris, Iacq. Langlois,* 1669 (*Paris,* 1821) in-12, d.-r.
Réimprimé sans changemens sur l'édition de 1669.

811 Histoire de la Russie réduite aux seuls faits importans (par Silv. Maréchal). *Paris,* 1807, in-8, fig. br.

812 Histoire de Russie, représentée par figures, gravées par David, avec texte, par Blin de Sainmore. *Paris,* 1798, 3 vol. in-4, pap. vél. br.

813 Histoire et Anecdotes sur la Révolution de Russie en 1762 (par De Rulhière). *Paris,* 1797, in-8, br.

814 Histoire des Kosaques. Epreuve. *Paris* (*Imp. roy.*) 1813, gr. in-8, br.

815 Abrégé chronologique de l'Histoire d'Angleterre, par Salmon. *Paris,* 1751, 2 vol. in-8, v. m.

816 Angleterre ancienne, ou Tableau des mœurs, usages, armes, habillemens, etc., des anciens habitans de l'Angleterre, trad. de l'angl. de Strutt, par Boulard. *Paris,* 1789, 2 vol. gr. in-4, dont un de planches, d.-r.

817 Preuves de l'Histoire d'Angleterre depuis la première Invasion des Romains, par John Hingard, trad. de l'angl. *Paris,* 1833, in-8, br.

818 Trois Règnes de l'Histoire d'Angleterre, par Sauquaire Souligné. *Paris,* 1819, 2 vol. in-8, br.

819 Histoire des Révolutions d'Angleterre, par le P. D'Orléans. *Paris,* 1795, 6 vol. in-8, br.

820 Vie d'Élizabeth, reine d'Angleterre; trad. de l'ital. de Grégoire Leti. *Amst.* 1694, 2 vol. in-12, portr. v. br.

821 Vie d'Anne Stuart, Reine de la grande Bretagne, de France et d'Irlande; trad. de l'anglois. *Rotterdam,* 1716, in-12, v. j.

822 Vie de Cromwell, par Grégoire Leti. *Amst.* 1746, 2 vol. in-12, portr. v. m.

823 Précis historique sur Cromwell, suivi d'un Extrait de l'Eikon Basiliké, ou portrait du Roi, et du Boscobel, ou Récit de la fuite de Charles II, par M. *** (le ch{er} de Langeac. *Paris*) 1789, in-8, couv. en pap.

824 Histoire du Parlement anglais, suivie de la grande Charte, par l'abbé Raynal. *Paris*, 1821, in-8, br.

825 Histoire du Parlement anglais..... suivie de la grande Charte, par Louis-Bonaparte, avec notes de Napoléon. *Paris*, 1820, in-8, br.

826 Mélanges historiques. *Paris*, 1756 et 1758, 2 tom. 1 vol. in-12, fig. v. m.

Parallèle de la conduite du Roi avec celle du Roi d'Angleterre. — Histoire des isles de Jersay et de Guernesey, trad. de l'angl. par Lerouge.

827 Procès et Meurtre de Charles Ier, roi d'Angleterre. — Procès des 29 régicides mis en justice après la restauration de Charles II. *Paris*, 1816, in-8, br.

828 Mélanges sur l'Histoire d'Angleterre. 9 vol. in-8, br.

Le long Parlement et ses crimes.—Philippique adressée au duc de Norfolk.—Procès de Charles Stuart.—Vie du général Monk, par Des Vaulx.

829 Mélanges sur l'Histoire d'Angleterre. 3 vol. in-8, br.

Essai sur les causes qui, en 1649, amenèrent en Angleterre l'établissement de la République ; par Boulay de la Meurthe. — Histoire du Procès de Charles Stuard.—Relation de la mort de Charles Ier.

830 Histoire du Procès de la Reine d'Angleterre ; par Desquiron de St. Agnan. *Paris*, 1820, 2 vol. in-8, portr. br.

831 Tableau de la Grande Bretagne, ou Observations sur l'Angleterre, vue à Londres et dans ses provinces, de M. le maréchal-de-camp Pillet, avec un supplément, par Sarrazin. *Paris, Didot*, 1816, in-8, br.

832 Histoire du Whigisme et du Torisme, par De Cize. *Lahaye*, 1718, in-8, v. m.

833 An History of Birmingham, by W. Hutton. 1783, in-8, fig. cart.

834 Description exacte de tout ce qui s'est passé dans les guerres entre le Roi d'Angleterre, le Roi de France, les Estats des Provinces Unies des Pays-Bas, et l'Evesque de Munster. *Amst.* 1668, in-4, fig. v f. (*anc. rel.*)

835 Mélanges sur l'Histoire d'Angleterre. 2 vol. in-8, br.

Histoire de ce qui s'est passé pour l'établissement d'une Régence en Angleterre, en 1788.—Souvenirs de Georges III.

836 Mélanges sur l'Histoire d'Angleterre, 2 vol. in-8, br.

Paris et Londres mis en parallèle, fig. et cartes.—Fragmens patriotiques sur l'Irlande, par lady Morgan.

XII. *Antiquités.*

837 Histoire de Ptolemée Auletes : Dissertation sur une pierre gravée antique du Cabinet de Madame (par Baudelot de Dairval). *Paris*, 1698, in-12, fig. v. j.

838 Balduinus, de Calceo, et Nigronius, de Caligâ Veterum. *Amst. Frisius*, 1667, in-12, vél. (*non rogné*).

839 Observations sur les Antiquités de la ville d'Herculanum, par Cochin et Bellicard. *Paris*, 1754, in-12, fig. v. m.

840 Le Antichita di Pozzuoli, Baja e Cuma, incise in rame e pubblicate da Fil. Morghen. *Napoli*, 1769, in-fol. v. éc. fil. (40 *pl.*)

841 Cérémonies nuptiales de tontes les nations; par de Gaya. *Paris*, 1680, in-12, v.

842 Prontuario de le Medaglie de' piu illustri et famosi huomini et donne, dal principio del mondo infino al presente tempo. *In Lione, G. Rouillio*, 1577, 2 part. 1 vol. in-4, fig. vél.

843 De Kalendario et Cyclo Cæsaris ac de paschali Canona Dissertationes duæ, auctore Fr. Blanchino. — De Nummo et Gnomone Clementino, eodem auctore. *Romæ*, 1703, 2 part. 1 vol. in-fol. fig. b.

844 Images des Héros et des Grands Hommes de l'Antiquité, dessinées par J.-A. Canini, et gravées par Bernard Picard. *Amsterdam*, 1731, in-4, br. *non rogné*.

845 Traité des Monnoyes, par Boizard. *Paris*, 1711, 2 vol. in-12, fig. v. br.

846 Médailles du Règne de Louis XV, par de Godonnesche. *Paris, Impr. roy.* s. d. in-fol. mar. r. arm.

847 An essay towards an historical Account of irish Coins, and of the currency of foregine Monies in Irland...... by James Simon. *Dublin*, 1749, in-4, fig. br.

848 Mélanges d'antiquités, 12 br. in-4, et in-8, fig.

Remarques sur les âges d'or, d'argent, d'airain, de fer des anciens Poëtes, par Géraud Graulhié. — Les Souliers à échasses des anciennes Grecques, par Bast.—Sérapis et son origine, par Guigniaut.—Description d'un Diptique consulaire trouvé à Limoges. — Essai critique sur la topographie de Syracuse, par Letronne.—Description de Messine. — Origine de la sainte Ampoule. — Sur la ville d'Ussel, par Delmas. — Sur Nismes, par Ménard.—Sur les Antiquités d'Augst, par Jacob-Kolb. — Sur Anvers, par Garonne, etc.

849 Mélanges sur l'Histoire et les Antiquités, 8 br. in-8.

De l'origine de la Crémation, ou de l'usage de brûler les corps ; trad. de l'angl. de Jamieson, par Boulard. — Sur le Zodiaque Egyptien ; par Letronne.—Découvertes faites sur le Rhin d'Amagétobrie et d'Augusta Rauracorum, anc. villes gauloises. *Porrentruy*, 1796. — Précis histor. de la Guerre des Sarrasins dans les Gaules, etc. etc.

850 Mélanges sur les Antiquités, par Millin. *Paris*, 1796-1812, 7 part. 1 vol. in-8, fig. d.-r. (*mouillé.*)

851 Mélanges sur l'Histoire et les Antiquités, 9 br. in-4, in-8 et in-12, fig.

Trésor de l'Abbaye royale de Saint-Denis.— Description de la Basilique métropolitaine de Paris et de son Trésor, par Gilbert. — Vue des Monumens de Franconville-la-Garenne. — Paris tel qu'il était à son origine, et tel qu'il est aujourd'hui (1798) par Cointereaux. — Inscriptions franç. et lat. pour les Monumens de Paris et des Départemens; par Dubos.— Obélisque de Louqsor.—Discours sur les Monumens publics, par Kersaint, etc.

852 Mélanges sur les Antiquités, 12 br. in-4, et in-8, fig.

Disquisitio de duobus Emblematibus quæ in cimelio Gasparis Cardinalis Carpinæi asservantur, auct. Jo. Ciampino. *Romæ*, 1691. — Della città di Fiesole, da Bandini. *Firenze*, 1776.— Sulle ghiande di piombo iscritte, trovate nell' antica città di Enna; da G. Alessi. *Palermo*, 1815. — Soprà alcune Medaglie urbiche, da Bianconi. *Bologna*, 1818. — Mémoire sur les variations d'une agathe, par Mangeart. *Bruxelles*, 1752. — Observations sur les monnaies grecques et romaines ; par Germain Garnier. — Sur la Sphère caucasienne.—Sur la ville de Messine, etc. etc.

853 Mélanges sur les Antiquités, 3 br. in-4, fig.

Inscription grecque du Monument trouvé à Rosette; par Ameilhon. — Dissertation sur le vase d'or trouvé à Rennes en 1774 ; par Cointreau. — Inscriptions françaises et latines proposées pour divers monumens de Paris et des Départemens; par Dubos.

XIII. *Blason, Noblesse, Ordres divers.*

854 L'Art héraldique, par Playne. *Paris*, 1717, in-12, fig. v. j.

855 Nouvelle méthode raisonnée du Blason, ou de l'Art héraldique du P. Ménestrier, par M. L***. *Lyon*, 1780, in-8, fig. v. m.

856 Dictionnaire féodal, par Collin de Plancy. *Paris*, 1819 2 vol. in-8, br.

857 Dictionnaire des Ennoblissemens. *Paris*, 1788, in-8, v. m.

858 Mémoires sur l'ancienne Chevalerie, par de la Curne de Ste-Palaye. *Paris*, 1759, 2 vol. in-12, v. m. fil.

859 Histoire des Ordres royaux, hospitaliers-militaires de Notre-Dame du Mont-Carmel et de S. Lazare de Jérusa-

lem; par Gautier de Sibert. *Paris, Imp. roy*. 1772, in-4, fig. v. m.

860 Essai sur les Fêtes nationales, par Boissy d'Anglas. *Paris*, 1793, in-8, br.

XIV. *Biographie ; Mélanges historiques.*

861 Plutarchi Vitæ paralellæ, gr. tomus 1ᵘˢ excud. Henr. *Stephanus*, 1572, 1 t. en 2 vol. in-8, v. b.
Les deux premiers feuillets manquent.

862 Biographie des grands Hommes de l'Auvergne, par P.-G. Aigueperse. *Clermont-Ferrand*, 1836, 2 vol. in-8, br.

863 Eloge historique de Jean-Bart, par M. Poirier (de Dunkerque). *Paris*, 1807, in-8, pap. vél. portr. br.
Exemplaire tiré in-4°.

864 Histoire de la Vie et des Ouvrages de Molière, par M. Taschereau. *Paris*, 1825, in-8, br. (portr. et *fac-simile* de signature).

865 Vie de Linné, par A. L. A. Fée. *Paris*, 1832, in-8, fac-simile, br.

866 Mémoires justificatifs de la comtesse de Valois de la Motte, écrits par elle-même. *Londres*, 1789, 2 part. 1 vol. in-8, d. r.

867 Eloge historique de Jean-Sylvain Bailly (par Mérard S.-Just). *Londres* (*Paris, Didot*) 1794, in-18, pap. vél. d.-r. (*non rogné*)
Tiré à 25 Exemplaires.

868 Mémoires d'un témoin de la Révolution; ouvrage posthume de Jean-Sylvain Bailly. *Paris*, 1804, 3 vol. in-8, gr. pap. br.

869 Mémoires pour servir à la vie du général Lafayette, et à l'histoire de l'Assemblée constituante, par Regnault-Warin. *Paris*, 1824, 2 vol. in-8, br.

870 Biographie de tous les Ministres, depuis 1791 jusqu'à nos jours.—Biographie des Commissaires de Police. *Paris*, 1825 et 1826, 2 vol. in-8, br.

871 Biographie des Lieutenans-généraux, Ministres, Directeurs-généraux, Chargés d'arrondissemens, Préfets de la Police en France, et de ses principaux agens ; par de Saint-Edme. *Paris*, 1829, in-8, br.

872 Mémoires des Contemporains : Mémoires du général Rapp, et Manuscrit de 1814. *Paris*, 1823, 2 vol. in-8, b. rac.

873 Biographie des Députés de la Chambre septennale de 1824 à 1830. *Paris, Dentu*, 1826, in-8, br.

X 874 Dictionnaire des Immobiles, par un homme qui jusqu'à présent n'a rien juré et n'ose jurer de rien (M. Beuchot). *Paris*, 1815. — Dictionnaire des Braves et des non girouettes. *Paris*, 1816, 2 vol. in-8, br.

875 Biographie étrangère universelle. *Paris*, 1819, 2 vol. in-8, br.

876 Histoire de Samuel, inventeur du sacre des rois. *Paris*, 1819, in-8, br.

877 Mélanges biographiques, 10 vol. et br. in-8.

Marc-Aurèle, par Thomas; Kant; Le Sage, de Genève, par Prevost; Milton, par Mosneron; Newton, par Biot; Richardson, par mad. Barbaud; W. Robertson, par Ymbert; Cestoni; Cesare Majoli, etc.

878 Vies, Eloges historiques, Notices biographiques, 20 vol. et br. in-8.

Saint-Louis, par l'abbé Maury; — Louis XI (par Brisard); — Henri IV, par Gaillard, Foissye; —Louis XIII, par Godeau;—Louis XV, par Hamelin;—Louis XVI, par De Moulières, De Boulogne, Port-de-Guy;—Charlemagne, par Jumel;—René d'Anjou, par De Villeneure, Raynouard; — Frédéric le grand, par Thynon; — Frédéric II, par Laureau, Guibert, Mirabeau;—Guillaume III, par W.....etc.

879 Vies, Eloges historiques, Notices biographiques de Ministres français et étrangers, 17 vol. et br. in-8.

Turgot, par Condorcet; — De Maurepas, par l'abbé Guyot; — Necker, Portalis, Barthélemy, Carnot;—Burke, Pitt, Fox, Perceval, d'Arara, etc.

880 Mélanges biographiques et satyriques, 6 vol. in-8. br.

Confession du comte D'Estaing. — Vie d'Hébert, auteur du Père Duchesne.—Vie de Louis-Philippe-Joseph D'Orléans.— Vie de Mirabeau.— Notice sur Sieyes.

XIV. *Mélanges historiques.*

881 Histoires des avanturiers qui se sont signalés dans les Indes, par OExmelin. *Paris*, 1686, 2 vol. in-12, fig. v. m.

882 Histoires des ministres favoris anciens et modernes. *Paris*, 1820, in-8, br.

883 Mémoires de l'abbé Morellet, sur le xviii° siècle, publiés par M. Lemontey.—Lettres inédites de l'abbé Morellet. *Paris*, 1822, 3 part. 2 vol. in-8, fig. d.-r.

884 Mémoires de famille, historiques, littéraires et religieux, par l'abbé Lamb.... *Paris*, 1822, in-8, br.

885 Anecdotes militaires, anciennes et modernes, par Nougaret. *Paris*, 1808, 4 vol. in-12, b. rac. fil.

886 L'Académie militaire, ou les Héros Subalternes, par P**. auteur suivant l'armée (par Godard Daucourt). *Amst.* 1749, 2 vol. in-12, v. m.

Articles omis.

887 OEuvres de Voltaire. *Kell*, 1784-90, 90 v. in-12, br.

888 OEuvres de J.-J. Rousseau. *Kell*, 1783-89, 34 vol. gr. in-18, v. j.

889 L'Improvisateur français; par Sallentin de l'Oise. *Paris*, 1806 et ann. suiv. 21 vol. in-12, br.

890 Antiquités de la Nubie, ou Monumens inédits des bords du Nil par M. Gau, de Cologne; in-folio atlantico : *livraisons* 9, 12, 2 *ex.*; — plus, la 12ᵉ et la 13ᵉ (dernière), pap. velin.

891 Planches de la Description de l'Égypte; édit. publiée par M. Panckoucke; in fol. atlantico : *livraisons* 33, 34, 35; 147, 148, 149; 150, 151; 154, 155; 158, 159; 161, 162.

892 Les mêmes *livraisons* 33, 34, 35; 147, 148, 149.

893 Cartes géographiques anciennes et modernes, Plans divers, Estampes anciennes et modernes, qui seront divisées en plusieurs lots.

FIN.

ORDRE DES VACATIONS.

Nota. La vente commencera, chaque jour, *à six heures précises*. Il y aura, d'une heure à trois heures, exposition des Livres qui devront être vendus dans la Vacation. Tous les Livres seront vendus pour complets, à moins de déclaration contraire lors de la mise sur table; on aura la facilité de les collationner sur place dans les vingt-quatre heures de l'Adjudication; mais ce délai passé, ou les Livres une fois sortis de la salle de vente, on ne sera admis à *aucun rapport*, sous quelque prétexte que ce soit.

Les articles importans qui se trouveront dans les vingt premiers numéros seront vendus à la fin de la Vacation.

Les articles de 12 francs et au-dessous ne seront repris pour aucun défaut, à moins qu'ils ne soient incomplets.

Le Libraire chargé de la vente recevra les commissions qui lui seront adressées.

Il sera perçu 5 pour 100 au-dessus des prix d'adjudication, applicables aux frais de vente.

1re *Vacation*, jeudi 5 octobre 1837.

Théologie	1— 24
Jurisprudence	48— 58
Histoire	724—741
Belles-Lettres	241—269
Histoire	487—513

2e *Vacation*, vendredi 6.

Théologie	25— 47
Jurisprudence	59— 66
Histoire	742—761
Belles-Lettres	270—301
Histoire	452—486

3e *Vacation*, samedi 7.

Sciences et Arts	67— 81
Belles-Lettres	302—342
Histoire	424—451
————	514—537

4e *Vacation*, lundi 9.

Sciences et Arts	82—117
Belles-Lettres	343—354
Histoire	390—423
————	762—797

5e *Vacation*, mardi 10.

Sciences et Arts	118—138
Belles-Lettres	355—369
Histoire	798—836
————	687—723